Walter Kiefl
Schlaraffenland, Bühne und Ventil
Ein Plädoyer für den ganz normalen Bade- und Pauschaltourismus

Tourismuswissenschaftliche Manuskripte
Herausgegeben von Dr. H. Jürgen Kagelmann, München
Bd. 9

Walter Kiefl

Schlaraffenland, Bühne und Ventil

Ein Plädoyer für den ganz normalen Bade- und Pauschaltourismus

Profil Verlag
München Wien

Anschrift des Autors:
Dr. Walter Kiefl, Diplom-Soziologe
Schönstr. 26
D-81543 München

Die Deutsche Bibliothek - CIP-Einheitsaufnahme

Kiefl, Walter:
Schlaraffenland, Bühne und Ventil : Ein Plädoyer für den ganz normalen Bade- und Pauschaltourismus / Walter Kiefl. - München ; Wien : Profil, 2002
 (Tourismuswissenschaftliche Manuskripte; Bd. 9)
 ISBN 3-89019-498-2

© 2002 Profil Verlag GmbH München Wien
Titelfoto: Magazin. Die Bildagentur; Bereiteranger 15, 81541 München
Fotos: Walter Kiefl
Satz: Profil, München
Druck und Bindung: Druck-Team, Regensburg
Printed in Germany
ISBN 3-89019-498-2

Dieses Werk ist urheberrechtlich geschützt. Jede Verwertung außerhalb der engen Grenzen des Urheberrechtsgesetzes ist ohne Zustimmung des Verlages unzulässig und strafbar. Dies gilt insbesondere für Vervielfältigungen, Übersetzungen, Mikroverfilmungen und die Einspeicherung und Verarbeitung in elektronischen Systemen.

Inhalt

Vorwort 7

Einleitung: Das Bemühen um eine illusionsfreie Betrachtung 9

1. Zum negativen Image des Pauschal-, Massen- und Badetourismus 11

2. Tourismusfolgen für Bereiste 18
2.1. Ökonomische Aspekte touristischer Erschließung 20
2.2. Ökologische Auswirkungen 25
2.3. Soziale und politische Aspekte 26
2.4. Sozio-kulturelle Aspekte 28

3. Grenzenloser Tourismus? 36
3.1. Die Illusion der Grenzenlosigkeit 38
3.2. Interessen an Ab- und Begrenzungen 39
3.3. Strategien 42

4. Hin zu oder weg von? .....
   Manifeste und latente Urlauberbedürfnisse 51
4.1. Reisemotive 52
4.2. Methodische Probleme 54
4.3. Kritische Anmerkungen zu häufig genannten Motiven 55
4.4. Sozial weniger erwünschte und verdrängte Motive 61
4.5. Glückssuche als Motor der Torurismusbranche 65

5.	**Der Badestrand als multifunktionales Arrangement**	68
5.1.	Die Strandbesucher	73
5.2.	Motive von Strandurlaubern	74
5.3.	Aktivitäten	79
5.4.	Kontakt und Kommunikation	89
5.5.	Regeln und Grenzen	94
5.6.	Stille Erlebnisse	101
6.	**Künstliche Ferienwelten**	105
6.1.	Abwertungsgründe	106
6.2.	Arrangierte Ferienwelten sind attraktiv	107
6.3.	Anforderungen an Ferienwelten	109
6.4.	Animation	111
6.5.	Annäherung ans Paradies?	112
7.	**Folgerungen**	114
Anmerkungen		117
Literatur		124
Sachregister		130

Vorwort

„Angeblich sind Badeferien out.."
(Christoph Hennig 1999, S. 27)

Glaubt man modernen Zeitgeistpredigern, so ist der reine Bade- und Strandurlaub, aber auch der Pauschalurlaub insgesamt, schon seit Jahren „out" (Garbe 1991, Kühnreich 1992; tz, 10.5.1991, AZ 11.9.1993), auch wenn die Statistiken einen anderen Eindruck vermitteln (s. u.). Zwei Beispiele für viele:

„Die Deutschen (...) sind im Urlaub risikofreudig. Mehr als zwei Drittel legen in ihrer Freizeit Wert auf „Herausforderungen der besonderen Art". Das ergab eine Umfrage im Auftrag des Veranstalters „Marlboro Expedition"." (tz, 12.2.2000)

„Urlaub auf der faulen Haut ist „out". (...) Unsere Gäste werden immer beweglicher, immer flexibler, immer individueller", stellt Dr. Jürgen Fischer, Vorstandsmitglied der TUI, fest und spricht damit für die ganze Branche. (...)" (AZ, 11/12.9.1993)

Dennoch wird auch – wie es mitunter scheint, mehr oder weniger widerwillig – gemeldet:

„Junge mögen Massen-Tourismus. Was ist bloß mit den jungen Deutschen los? Unternehmungslust, Abenteuerurlaub, alles out. Dagegen lösen überfüllte Strände und Warteschlangen vor Sehenswürdigkeiten bei ihnen positive Gefühle aus, hat das BAT Freizeit-Forschungsinstitut per Umfrage herausgefunden. Danach bevorzugen 41% der 18- bis 29jährigen touristische Zentren, 19% fühlen sich von Menschenmassen sogar 'magisch' angezogen". Im Alter läßt die Lust auf Rummel nach." (AZ, 18.2.1989)

„... In der letzten Feriensaison vor der Jahrtausendwende registriert die Tourismusbranche vor allem auf dem Pauschalreise-Sektor atemberaubende Zuwachsraten von teilweise über 20 %. (...) Vor allem der Trend zur Pauschalreise, die alles umfasst – von der Anreise, über Unterkunft bis zur Verpflegung

– wird nach Ansicht von Branchenkennern weiter wachsen und bis zum Jahr 2001 über die Hälfte aller gebuchten Reisen ausmachen (...)." (Münchner Wochenblatt 32, 9.8.2000)

„... Und was suchen die Deutschen in der Ferne? Vor allem Ruhe und schönes Wetter. In einer von der Forschungsgemeinschaft Urlaub und Reisen (FUR) erarbeiteten Hit-Liste der Urlaubsmotive steht 'aktiv Sport treiben' an letzter Stelle (...)." (AZ, 14.3.1998)

Solche Meldungen verunsichern, obgleich daraus allein keinesfalls die Unzuverlässigkeit standardisierter Befragungen gefolgert werden kann (1).

Der vorliegende Band, der teilweise auf bereits publizierten Beiträgen des Verfassers zum modernen Bade- und Pauschaltourismus beruht, verdankt seine Entstehung Gefühlen von Ärger und Freude. Ärger entstammt vielen simplifizierenden Darstellungen des angeblich so schrecklichen Massentourismus, von dem „man" (gemeint sind Verfasser der „kritischen" Artikel und deren „kritische" Leser) sich als Individualist selbstverständlich absetzt (2). Freude macht es dagegen, solche wenig reflektierten und bereitwillig übernommenen Bewertungen zu hinterfragen und den dahinterstehenden Motiven nachzuspüren.

Daraus ergab sich der Versuch, das oft mit etwas schlechtem Gewissen gepflegte Urlaubsvergnügen der Vielen gegen seine oberlehrerhaften Kritiker zu verteidigen und zu zeigen, dass kanalisierter und konzentrierter Tourismus nicht nur vielen wirtschaftlichen, ökologischen und sozio-kulturellen Erfordernissen in den Zielregionen besser gerecht wird als die propagierte massenhafte individualistische Aneignung fremder Lebenswelten, sondern dass damit vor allem die Bedürfnissen der meisten heutigen Reisenden optimal erfüllt werden.

Einleitung:
Das Bemühen um eine illusiosfreie Betrachtung

„Auf den Bahamas scheint tatsächlich die Zeit stehengeblieben zu sein. Jeder noch so erholsame Tag endete mit einem Fiasko, weil es mir einfach nicht gelang, zum Abendessen ein Restaurant ausfindig zu machen, in das ich als Tourist und Badegast ohne Jackett und Krawatte eingelassen worden wäre. Jetzt frage ich Sie (den Veranstalter): Bin ich nun durch die Buchung automatisch zu einem Untertan der Britischen Krone (...) geworden? Ich denke nein. Wenn ich zumal noch bei den Preisen auch in Zukunft Ihr Kunde bleiben soll (...)." (Scholz 1989, S. 62)

„Das einzige, was an Ihrem Prospekt stimmt, ist, dass man auf dieser Reise „Hellas abseits der Touristenpfade" das Land noch erlebt, wie nur wenige. Fast jeden Tag machten wir in den Bergen PP-Halt weitab irgendwelcher Siedlung an Bruchbuden, hochtrabend „Tabernas" genannt, wo die Klos nicht nur kein Wasser hatten, sondern das Toilettenpapier nach Benutzung neben dem französischem Hocksystem in einem Papierkorb abgelagert wurde – und das bei zum Teil 30 und mehr Grad Hitze. Griechenland war herrlich, aber das Toilettensystem muß dringend geändert werden (...)." (Scholz 1989, S. 65)

Frustrierende Erlebnisse der skizzierten Art gehen nicht immer nur darauf zurück, dass sich viele Urlauber vorher nicht genügend um ihr Zielgebiet gekümmert haben und allein den geschönten Bildern und platten Phrasen („einsame Traumstrände", „immer freundliche, im Einklang mit der Natur lebende Menschen", „faszinierende alte Kulturen", „Märchen aus 1001 Nacht" usw.) in den Reiseprospekten vertraut haben. Hinzu kommt, dass sich viele Touristen ihrer eigenen Wünsche zu wenig bewußt sind, zu hohe bzw. falsche Erwartungen mit ihrer Reise verbinden und diese dem Ziel überstülpen. Aber auch Veranstalter und Verantwortliche in den Zielgebiete tragen (aus durchsichtigen kommerziellen Interessen) dazu bei, falsche Erwartungen zu wecken, auszunutzen und zu nähren. Schließlich spielt bei der Zielauswahl aber auch noch die Orientierung an *den anderen*, d.h. an Freunden, Bekannten und statushohen Bezugspersonen und Bezugsgruppen und an behaupteten Trends bis hin zu den törichten „in-out"-Listen eine Rolle. So kommt es, dass Entscheidungen für ein Urlaubsziel oder eine Urlaubsart ungeachtet objektiv vorhandener guter Erkundungsmöglichkeiten oft wenig reflektiert erfolgen und so vermeidbare materielle und immaterielle Kosten für die Reisenden (aber auch für die Bereisten; siehe Kap. 2) mit sich bringen.

Dieses Buch will ein Korrektiv sein: Anstatt zur quantitativen Steigerung des Reisens (immer länger, immer weiter, immer exotischer) zu ermuntern oder gar zur Entstehung und Pflege eines schlechten Gewissens wegen der ökologischen und sozialen Folgen intensiven und ausufernden (aber nicht unbedingt auch genußvollen) Wegfahrens beizutragen, stehen hier die vielfältigen manifesten und vor allem latenten Bedürfnisse der Reisenden im Vordergrund. Sie zu erkennen und vor allem anzuerkennen und ihnen – unter Heranziehung der verfügbaren Informationen – nachzugehen, scheint wesentlicher für den (immer nur subjektiv feststellbaren) Urlaubserfolg als eine bloße Zielorientierung, wobei als Kriterium für ein neues Ziel mitunter schon genügt, dort bisher noch nicht gewesen zu sein (3). Die oft von den dazu Befragten genannte Erkundung fremder Länder und Lebensverhältnisse ist nach der im folgenden vertretenen Auffassung bei der Mehrzahl der Urlauber keinesfalls das wirklich wichtigste Anliegen (4). Neben Faulenzen, Ausspannen, Ruhe haben und anderen „legitimen", wenn auch nicht sehr prestigeträchtigen Motiven geht es für viele z.B. primär um neue, „befreite" zwischenmenschliche Kontakte und Beziehungen. So ist z.B. für den „Poptouristen" (Aloys 2001) die Partner- und Erlebnissuche zur obersten Maxime allen Handelns und damit der Tourismus zu einem einzigen großen Beziehungsbahnhof geworden. Für die aktuelle Tourismusforschung stellt sich die Aufgabe, solche Erwartungen (möglichst) vorurteilslos zu sehen, zu beschreiben und zu analysieren; abwertende Kommentare und Be- und Verurteilung aus der traditionellen elitär-normativen Perspektive des Bildungstouristen sollte moralisierenden Journalisten und Berufskritikern vorbehalten bleiben.

1.
Zum negativen Image des Pauschal- und Massentourismus und des Badeurlaubs

„Wenige Lebensäußerungen der modernen Gesellschaft sind so mit Vorurteilen und Mißverständnissen belegt, wie der Tourismus."
(Felizitas Romeiß-Stracke 1998, S. 41)

Allein in Deutschland wurden im Jahr 2000 62 Mio. Reisen unternommen(4), wobei Veranstalter, Fluggesellschaften, Hotels und Restaurants rund 96 Milliarden DM eingenommen haben. Pro Kopf und Reise wurden dabei im Durchschnitt 1549 DM ausgegeben (Focus 32, 6.8.2001). Über 50% der deutschen Urlauber bevorzugten Pauschalreisen, 43% erreichten ihr Ziel mit dem Flugzeug (Harenberg 2001, S. 218). Nach Prognosen des World Travel & Tourism Councils (WTTC) wird die Zahl der Touristen im Jahr 2011 die Milliardengrenze überschreiten, weltweit mehr als 9,2 Billionen Dollar umsetzen und 260 Mio. Menschen beschäftigen, wobei Deutschland, Japan und die USA die meisten Touristen stellen (Focus 32, 6.8.2001, S. 113).

Das wirtschaftlich so bedeutsame Reisegeschäft ist aber wissenschaftlich weitgehend unterrepräsentiert (5). Brigitte Scherers Bemerkung, dass es über keine andere Branche so viele Vorurteile und so wenig wirtschaftlich und wissenschaftlich Stichhaltiges als über den Tourismus gibt (Scherer 1995, S. 7), ist auch heute noch gültig (6). Überspitzt formuliert hat das damit zu tun, dass Freizeit und Urlaub der akademischen Forschung (die andere, kommerziell betriebene, scheint noch weniger aufgeschlossen) *nicht ernst genug* erscheinen. Abgesehen von der Darstellung tourismusökonomischer Fragestellungen hat bis vor kurzem die nicht primär wirtschaftlich orientierte Beschäftigung mit Urlaub, Freizeit und Reisen innerhalb des akademischen Lehr- und Forschungsbetriebs besonders im deutschsprachigen Raum keinen sonderlich hohen Stellenwert eingenommen (7), was sich z.B. an einem relativen Mangel an einschlägigen Hand- und Lehrbüchern und einer sehr geringen Anzahl tourismuswissenschaftlicher Lehrstühle und anderer Einrichtungen oder am als unzureichend empfundenen Stand der Theoriebildung und der Forschungsmethoden (8) zeigt (dazu z.B. Kagelmann 1993). Die entscheidene Ursache dafür sieht Bachleitner (1998, S. 7) darin, dass „ (...) Aspekte des Genießens und Vergnügens, wie sie uns gerade im Freizeit- und Tourismussektor entgegentreten, (...) traditionell wenig in den Kontext der Wissenschaften (passen): denn dort geht es um Tiefsinniges, um Analysen, Entwürfe und Konstruktionen der Wirklichkeiten, schlicht um ernste Probleme des Lebensvollzugs und der Lebensplanforschung. Gegenüber dem rein „Privaten" zeigte man von Seiten der Sozialwissenschaften lange Zeit Wahrnehmungsverweigerung und Ignoranz. Phänomene wie die „frei disponiblen Zeiten" sind daher trotz der „Alltagswende" aus sozialwissenschaftlicher Sicht nur marginal erforscht. Puritanische Sinnperspektiven können hierfür verantwortlich sein (...). Die sozialwissenschaftlichen Analysen des Sozialphänomens Tourismus (...). fallen dürftig aus. Erst in jüngster Zeit und gegen zahlreiche Widerstände ist eine sozial- und kulturwissenschaftliche Forschung in Konturen erkennbar" (vgl. auch Romeiß-Stracke 1998, S. 8 ff.; Hennig 1999, S. 23-26).

Dies trifft auch und besonders für den sogenannten *Massen- und Pauschaltourismus* (9) – häufig ein Synonym für den Tourismus überhaupt – zu. Möglicherweise läßt ihn schon sein eher ungünstiges Image als nicht sehr attraktiv für eine eingehendere Erkundung jenseits distanzierter Herablassung erscheinen. Häufig reduziert sich die Kritik an ihm auf Schuldzuweisungen an Veranstalter, Hoteliers, Fluglinien, Bürokraten, Planer, Tourismus-Experten und Touristen. Er erscheint dabei oft als Zerstörer nicht nur der Natur, sondern auch der Kultur der Bereisten, wobei fremde Gesellschaften und Kulturen als mehr oder weniger homogene und geschlossene Gebilde betrachtet werden, die es vor allzuviel sozialem und kulturellem Wandel zu bewahren gilt – zumindest soweit er vom Tourismus induziert ist. Entsprechend werden die in größerer Menge auftretenden Touristen häufig als undifferenzierte, träge und gesichtslose Horde dargestellt und – was die mit den Wechselwirkungen zwischen Erwartungshaltung und Wahrnehmung Vertrauten nicht überrascht – auch entdeckt. Ärgerlich an dieser Art der Beschreibung ist die geringe Differenzierung und die unreflektierte Tradierung bekannter Vorurteile und Unterstellungen, die letztendlich auf eine lange gepflegte *Massenphobie der Bildungselite* zurückgeht. Sie weist eine stabile Tradition in der Zivilisations- und Kulturkritik auf (Kiefl 1993) und hat sich dort ungeachtet schon früherer überzeugender Versuche einer Relativierung (Geiger 1950) auch zäh gehalten. Dies ist zum einen in Ängsten (vor dem Zerrbild eines gewalttätigen, grölenden und betrunkenen Mobs), zum anderen in den dadurch gebotenen billigen Möglichkeiten der eigenen Profilierung begründet. Parallel zu dem von Medien und Werbung gepflegten Kult der Individualisierung und einem entsprechenden elitären Gehabe derjenigen, die glauben, sich äussern zu müssen, wird die Abneigung gegen eine drohende „Vermassung" geschürt, verbunden mit der unausgesprochenen (weil politisch nicht „korrekten") Befürchtung einer bevorstehenden Nivellierung bestehender sozialer Unterschiede.

Mitunter werden die kritisierten Pauschal- oder „Massentouristen" in den Medien aber auch als betrogene und ausgebeutete Opfer dargestellt (z.B. tz, 5.8.1994), wobei sich die Kritik nicht immer nur auf die (mitunter allzu voreilig) den Veranstaltern angelasteten Reisemängel (Überbuchung, Wartezeiten, Lärm, Schmutz, Belästigungen) bezieht, sondern grundsätzlicherer Art ist: Die Bequemlichkeiten und Verführungen einer quasi-paradiesischen und künstlichen Scheinwelt würden Reisende um das „eigentliche" bzw. „ethisch korrekte" Anliegen, nämlich das Erfahren und Erleben fremder Lebenswelten und damit um Erfahrungs- und Lernchancen bringen (z.B. Burghoff & Kresta 1996, S. 67-71). Solche Haltungen spiegeln den (untauglichen) Versuch wider, das Genussstreben der Urlauber mit sozialpädagogischen Ansprüchen der Kritiker unter einen Hut zu bringen.

Die kulturgeschichtlich folgenreiche Instrumentalisierung der Reise als Mittel zur Erfüllung diffuser Hoffnungen und Wünsche geht auf Sehnsüchte und Mißverständnisse der europäischen Reisenden spätestens seit der Aufklärung zurück. Aufgrund der Erfahrung, dass die gewohnten beengenden Normen und Konventionen in fernen Gegenden nicht galten bzw. die dort herrschenden Restriktionen nicht gleich erkannt und/oder deren Übertretungen nicht sanktioniert wurden (sei es aufgrund der offensichtlichen wirtschaftlichen, politischen oder kulturellen Überlegenheit der Fremden oder aufgrund der ihnen zugestandenen Narrenfreiheit), entstand bei diesen vielfach der Eindruck, dass man anderswo freier, einfacher, besser und vernünftiger leben konnte. Besonders deutlich wird dies an der Ende des 18. Jahrhunderts einsetzenden Südsee-Begeisterung (Konrad 1969, Uhlig 1974, Bertram 1995). Ein einseitiges Bild ergab sich auch daraus, dass es sich bei den Verfassern euphorischer Beschreibungen zum großen Teil um sozial privilegierte Männer handelte, deren geschlechts- und klassenspezifische Wahrnehmungen und Projektionen sich in der Schilderung der angeblichen Paradiese niederschlug. Nicht nur die Ziele, sondern auch das Reisen selbst wurden somit idealisiert: Das, was an Bedürfnisbefriedigung und „Selbstverwirklichung" im gewohnten und weitgehend kritisch betrachteten sozio-kulturellen Milieu nicht möglich war, konnte scheinbar in der Fremde leichter und bedenkenloser realisiert werden. Dabei haben die Reisenden nur ihre eigenen Utopien und Paradiesvorstellungen mitgebracht und das Vorgefundene in dieses Prokrustesbett gezwängt.

Solche Bilder wirken auch heute noch nach. Aus Gewohnheit – und natürlich unterstützt von der Werbung – suchen wir immer noch die Erfüllung vieler aus der kulturellen Tradition der Herkunftsländer erklärlichen Sehnsüchte überall auf der Welt – nur nicht zuhause. Letzteres gilt geradezu als negativer Bezugspunkt, die Fremde dagegen – je unbekannter und „unverdorbener", desto eher – als „glücklicher Raum" (Wöhler 2001, S. 29 ff.). Da aber die idealisierte unbekannte Fremde der permanenten Gefahr der Desillusionierung unterliegt (10), läßt sich die allein räumliche Suche nach dem Paradies (Motto: *„Dort wo Du nicht bist, dort ist das Glück"*, s. Kiefl 1997) – nicht unbegrenzt fortsetzen.

Dass die Erfüllung von Glückserwartungen *anderswo* leichter oder überhaupt nur möglich ist, ist also ein sozio-kulturelles und darum prinzipiell wandelbares Phänomen. Bereits jetzt löst sich die Glückssuche von konkreten Räumen, indem an vielen Orten der Welt ähnlich reichhaltige Angebote zur Verfügung stehen und sich eine Kluft auftut zwischen traditionellem „touristischem Erleben" (als Erleben der Fremde) und dem bevorzugten Erleben der Touristen, das zunehmend in „Nicht-Räumen" (in Theatern, Discotheken und Bordellen, bei Großveranstaltung, in Feinschmecker-Restaurants, Bädern und in Freizeitparks und an Stränden usw.) gesucht wird. Wenn die konkreten Räume zugunsten zunehmend behaglich möblierter austauschbarer „Nicht-Räume" zurücktreten oder nur noch dazu dienen, Hintergründe für diese „Nicht-Räume" zu liefern, reduziert sich auch das Reisen auf den Transport dorthin. Somit scheint es naheliegend, das in diesen Clubs gesuchte Freizeitvergnügen auch ohne die hohen Transportkosten (und andere Kosten) anzubieten. Indem man eine weniger freundliche Witterung durch ein großes Dach aussperrt und den Raum darunter klimatisiert, lassen sich auch klimatisch weniger begünstigte Areale im Nahbereich massentouristisch nutzen. So wurde 1986 in der Nähe von Venlo unterhalb einer großen Glaskuppel der erste „Center Parc", ein Ferienbungalowanlage mit einer ausgedehnten künstlichen, subtropischen Badelandschaft und vielfältigen Unterhaltungsangeboten für einige tausend Gäste eingerichtet. „Nur Sonne, Wind und weiten Sandstrand mußte sich die Kundschaft dazudenken" (Falksohn 1997a, S. 57). Inzwischen sind viele solche Anlagen, vor allem in Holland, Belgien und Großbritannien, entstanden. Es handelt sich hier um den ernstzunehmenden Versuch der Schaffung konstruierter Welten, als Beweise menschliche Phantasie und Willenskraft (Scherer 1995, S. 123). In absehbarer Zukunft wird man vielleicht noch einen Schritt weiter sein, beim totalen virtuellen Urlaub (Falkssohn 1997a, S. 58; Hlavin-Schulze 1999, S. 174) – womit sich die hier angesprochene Problematik entschärfen oder sogar ganz erübrigen wird.

Da das Reiseverhalten Rückschlüsse auf Sozialstatus und Lebensstil erlaubt, unterliegt es einer weitgehenden sozialen Normierung. Angesichts von Schlagzeilen wie „Sonnen-Braten längst gestrichen" (tz, 21.2.1991), „Urlaub auf der faulen Haut ist „out"" (AZ, 11.9.1883) oder „Nackt und zugeballert" (27.8.1995) gehört – vor allem gegenüber Menschen mit höherem Bildungs- und Einkommensniveau – Mut dazu, sich zum anspruchslosen Strand- und Faulenzerurlaub an einem „Massenziel" am Mittelmeer zu bekennen. Wer sich dafür entscheidet, setzt sich Zweifeln an seiner ökonomischen Potenz und Modernität aus und sieht sich häufig – zumindest in zeitgeistoffenen aufstiegsorientierten Milieus – unter Begründungszwang. Das Unbehagen gilt letztendlich einer schon fast archaisch anmutenden anspruchslosen Freizeithaltung, die auf die professionellen Lebensstil-Demonstranten und Weltaneigner provozierend wirken muß. Insofern dient die Kritik am Strandurlaub auch der vorteilhaften Selbstdarstellung als anspruchsvoller, reiseerfahrener und „kritischer" Tourist, der durch eine Kritik deutlich macht, dass er gehobene Ansprüche hat, vergleichen kann, sich auskennt und sich nicht übers Ohr hauen läßt.

Entferntere, exotischere und nicht so problemlos aufzusuchende Ziele tragen dagegen auch noch beim Badeurlaub zur Erhöhung des Sozialprestiges bei. Dort wird Einsamkeit und Komfort, Unvertrautes und Vertrautes, Abenteuer und Sicherheit, traditionelle Kultur und die Möglichkeit zur Selbstverwirklichung, Freundlichkeit (bis hin zur Unterwürfigkeit) der Einheimischen, Exklusivität, Preiswürdigkeit und die Erfüllung weiterer oft recht widersprüchlicher Vorstellungen erwartet. Kataloge, Illustriertenberichte, Bildbände, Fernsehserien, aber auch manche Reiseführer nähren immer noch solche Paradieserwartungen. Zwar gibt es auch detaillierte und kritische Literatur zur Vorbereitung auf Fernziele, doch wird diese, wenn überhaupt, oft erst nach der Entscheidung herangezogen.

Die verbreitete ungünstige Bewertung des „ganz normalen" Badeurlaubs hängen mit der im Strandurlaub offensichtlich demonstrierten Negierung des weithin akzeptierten und verinnerlichten Leistungs- und Anspruchsprinzips zusammen (11), wie es sich auch in anderen Freizeit- und Hobbybereichen zeigt, wenn aus zunächst spielerischen und müßigen Beschäftigungen durch die Einführung immer professionellerer Standards todernste Angelegenheiten werden, initiiert, begleitet, unterstützt und forciert von letztendlich kommerziellen Interessen – und eingeengt von kulturellen Klischees (Kramer 1993). Ungeachtet der Betonung von „Spaß" und „Freude" und dem Gerede von der „Spaßgesellschaft", bleibt unmittelbarer (d.h. mit wenig Profit ausbeutbarer) Hedonismus suspekt und wird entsprechend abgewertet. Dagegen genießt „veredelter" indirekter, durch hohe (Geld-) Leistung und/oder Triebverzicht „verdienter" Genuß hohes Prestige. Indizien für diesen „Leistungs-Tourismus" (Keul & Kühberger 1996, S. 54) sind z.B. das Abhaken von Baedeker-Sternchen und das manchmal schon professionell anmutende Dokumentieren der eigenen Anwesenheit an kulturell mehr oder weniger bedeutsamen Orten durch (natürlich möglichst perfekte) Fotos und Videos.

2.
Tourismusfolgen für Bereiste

„Tourismus ist wie Gift – an einer Überdosis stirbt man." (Momodou Cham, Tourismusministerium Gambia; zit. n. Hammelehle 1995)

Die Auswirkungen des modernen Massentourismus auf die Zielgebiete sind ein häufig genanntes Beispiel für die „verderblichen" Einflüsse der modernen westlichen Zivilisation auf die Länder der europäischen Peripherie und der „Dritten Welt", wobei mitunter auch persönliche und von vielerlei Motiven gespeiste Ressentiments gegen diese Art von Urlaub mitwirken. Die gängige Be- und Verurteilung, die sich zum großen Teil auf das aus dem 19. Jahrhundert stammende Ideal der *klassisch-romantischen Reise* gründet, konfrontiert dabei häufig das, was Urlauber wollen und tun, mit dem, was sie nach Meinung der Kritiker wollen und tun *sollten*. Selten werden dabei aber die Zielvorstellungen der Kritiker auf Aktualität, Konsistenz und ideologischen Ballast hin überprüft.

Unbestritten wirkt sich die „massenhafte" Nachfrage der Urlaubskäufer in vielfältiger Weise auf die Zielgebiete und deren Bevölkerung als (mehr oder weniger freiwillige) „Verkäufer" aus (12). Wieviel und welche Art von Tourismus man in den Zielgebieten zuläßt oder fördert, ist letztlich eine politische und ökonomische Entscheidung, wobei für die „Verkäufer" mitunter aufgrund mangelnder anderer Ressourcen und Perspektiven wenig Alternativen bestehen, d.h. dass (wie seit einigen Jahren in Kuba) die „Kröte Tourismus" im (tatsächlichen oder vermeintlichen) Entwicklungsinteresse des Landes geschluckt werden muß. Kritikern der touristischen Erschließung wird dabei häufig entgegengehalten, dass – auch nach einer UNESCO-Untersuchung – der Tourismus für die Entwicklungsländer einer der stabilsten Wirtschaftszweige ist (z.B. Scherer 1995, S. 101).

Um die Auswirkungen von Fernreisen für Dritte-Welt-Länder bzw. deren Bewohner abschätzen zu können, genügt es nicht, sich nur mit der ökonomische Seite der touristischen Erschließung zu beschäftigen. Eine umfassende Würdigung bedarf zusätzlich einer Untersuchung der Auswirkungen auf die Umwelt, auf die Sozialstruktur und auf die kulturellen Verhältnisse einschließlich der verschiedenen Rückkoppelungsprozesse innerhalb und zwischen den Bereichen.

Übersicht 1: Wechselwirkungen zwischen touristischer Erschließung, Wirtschaft, natürlicher Umwelt, Sozialstruktur und Kultur

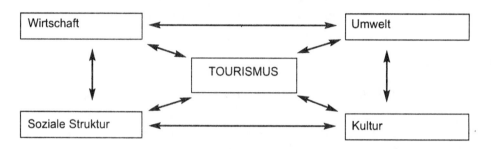

Schon dieses simple Schema (13) macht die Naivität der Frage deutlich, ob der Tourismus denn nun insgesamt „gut" oder „schlecht" sei – zumal, wenn man die unterschiedlichen Interessen der davon Betroffenen bedenkt und bestimmte weithin akzeptierte Bewertungen kritisch hinterfrägt. Zu letzteren zählt insbesondere, dass fremde Gesellschaften und Kulturen als „ursprünglich" im Sinne von „noch nicht zivilisiert" betrachtet und gerade deshalb hochgeschätzt werden, woran sich die Forderung anschließt, diese angebliche Ursprünglichkeit vor allem sozialen und kulturellen Wandel bewahren zu müssen. Dies erscheint insofern paradox, als der weitere soziale und kulturelle Wandel (vulgo: Fortschritt) für die eigene „entwickelte" Gesellschaft – ungeachtet der damit verbundenen menschlichen, ökologischen und materiellen Kosten – häufig begrüßt wird, während man den „Wilden" am liebsten die kulturelle Käseglocke überstülpen würde, um so möglichst viele Freilichtmuseen des real existierenden Traditionalismus (und der Armut) zu bewahren.

Bei der Einschätzung der Auswirkungen des massenhaften Reisens wird sowohl bei den Reisenden als auch bei den Zuständigen in den Zielgebieten häufig von überzogenen Erwartungen ausgegangen. Deren Weckung und Aufrechterhaltung bei den Urlaubern erscheint oft gewollt, weil profitabel. Dabei lassen Appelle an unbefriedigte Prestige- und Erlebniswünsche, die Ausnutzung des Konkurrenzprinzips und die Abwertung naiven Lusterlebens viele uneingestandene Motive unbefriedigt und tragen gleichzeitig mit zur nicht nur ökologisch verhängnisvollen Erschließungsdynamik bei (Kiefl 1993, 1994). Mehr Information, das Bemühen um Motivtransparenz, das Eingeständnis bestehender Begrenzungen und nicht vereinbarer Erwartungen und die Suche nach praktikablen Kompromissen erscheinen hier hilfreicher als gut gemeinte, aber schlecht befolgte moralische Appelle.

2.1. Ökonomische Aspekte touristischer Erschließung

Eine (mehr oder weniger forcierte) touristische Erschließung zeigt – neben den erwünschten wirtschaftlichen Impulsen – Auswirkungen auf die natürliche Umwelt, auf die Sozialstruktur des Zielgebietes und auf Kultur und Einstellungen der Bevölkerung. Bei der Betrachtung der wirtschaftlichen Implikationen des Tourismus sind auch indirekte Wirkungen zu berücksichtigen; dass z.B. durch den Tourismus (als Initialzündung) die Industrialisierung vorangetrieben wird, die den von den herrschenden Kräften im allgemeinen begrüßten Modernisierungsprozeß (mit seinen durchaus auch problematischen Konsequenzen) beschleunigt.

Nach weit verbreiteter Auffassung tragen Urlauber in Ländern der Dritten Welt zur wirtschaftlichen Entwicklung der von ihnen heimgesuchten Gebiete bei. Nackte Zahlen lassen den Tourismus als Wirtschaftsfaktor jedenfalls recht beeindruckend erscheinen. So registrierte die Welttourismusorganisation WTO im Jahr 2000 weltweit rund 700 Mio. Reisende, 7.4% mehr als 1999 (1993 waren es „nur" 500 Mio.). Dabei wurden insgesamt 476 Milliarden US-$ ausgegeben. Die fünf beliebtesten Reiseländer waren *Frankreich* (74,5 Mio. Besucher), *Spanien* (53,6 Mio.), die *USA* (52,7 Mio.), *Italien* (41,2 Mio.) und *China* (31,2 Mio.); Deutschland erreichte mit 18,9 Mio. Besuchern den zehnten Platz – noch vor Österreich und Griechenland (Harenberg 2001, S. 217 f.).

Für nicht wenige Dritte-Welt-Länder (z.B. Seychellen, Bahamas, Jamaika, St. Lucia, Malediven, Antigua und Barbuda) stellt der Ferntourismus aus den wohlhabenden Ländern die Haupteinnahmequelle dar – allerdings auch deshalb, weil sie darüberhinaus – im Unterschied zu klassischen europäischen Touristenzielen wie Italien, Spanien, Deutschland oder Frankreich – auf dem Weltmarkt nicht viel anzubieten haben.

Die nachfolgende Übersicht 2 enthält Angaben über die Anzahl der Touristen und über die Einnahmen sowie über daraus abgeleitete Kennzahlen einiger ausgewählter wichtiger Tourismusländer Ende der 90er Jahre (die Zahlen beziehen sich auf 1998 oder 1999).

Die durchschnittlichen Einnahmen pro Tourist (Sp. 3) erscheinen für manche der Staaten in der Dritten Welt im Vergleich zu klassischen europäischen Zielen wie Spanien oder Griechenland zunächst vergleichsweise hoch. Während z.B. jeder Spanienurlauber durchschnittlich 530 $ im Land läßt, sind es bei jedem Ägyptenreisenden mehr als doppelt so viel, nämlich 1161 $. Ein ganz anderes Bild ergibt sich jedoch, wenn man die Einnahmen aus dem Tourismus in Beziehung zur ansässigen (und rasch wachsenden) Bevölkerung setzt (Sp. 5): Während auf jeden Spanier 643 $ entfallen, „bekommt" jeder Ägypter nur gut ein Zehntel dieses Betrags, wobei in diesen beiden Ländern (wie auch z.B. in Thailand oder Marokko) der Anteil des Tourismus am Bruttosozialprodukt um die 5% beträgt, also noch relativ bescheiden ist. Ganz anders sieht es dagegen auf den Bahamas oder den Malediven aus. In diesen beiden extrem tourismusabhängigen Ländern trägt der Tourismus zu 51% bzw. 71% zum Bruttosozialprodukt bei (zum Vergleich: Deutschland 0,6%). Würden die Touristen in diesen Ländern ausbleiben, hätte dies katastrophale wirtschaftliche und soziale Folgen (14).

Übersicht 1: Touristenzahlen für ausgewählte Länder

LAND	Zahl der einreisenden Touristen (jährlich, in Mio.)	Einnahmen durch den Tourismus (jährlich, in Millarden $)	Durch-schnittl. Ausgaben pro Tourist (in $)	Anzahl der Einwohner pro Tourist	Einnahmen durch Tourismus pro Kopf der einheim. Bevölkerung (in $)	Anteil des Tourismus am Bruttosozialprodukt pro Kopf
	(1)	(2)	(3)	(4)	(5)	(6)
Spanien	47,7	25,3	530	0,8	643	4,6%
Griechenland	10,9	5,2	476	1,0	493	4,2%
Thailand	7,8	6,2	790	7,9	101	4,7%
Türkei	7,5	5,0	667	8,5	79	2,5%
Tunesien	4,7	1,5	319	2,0	161	7,8%
Ägypten	3,5	4,1	1161	17,5	66	5,1%
Bahamas	3,3	1,4	427	0,1	4789	51,2%
Dom.Rep.	2,3	2,1	931	3,6	260	14,7%
Marokko	2,0	1,5	750	13,9	54	4,4%
Malediven	0,4	0,2	531	0,7	798	70,6%

(errechnet aus: v. Baratta 2000).

Einen Hinweis auf mögliche Belastungen durch den Tourismus könnte das zahlenmäßige Verhältnis der Touristen zur einheimischen Bevölkerung liefern (Sp. 4). Dabei handelt es sich jedoch nur um ein sehr grobes Maß, das um das Ausmaß der räumlichen und saisonalen Konzentration der Touristen, ihr Anspruchsniveau, ihren Konsum an natürlichen Ressourcen, ihre kulturelle Distanz zur ansässigen Bevölkerung u.a.m. ergänzt werden müßte. Die fast 26 Mio. Österreichtouristen (davon der größte Teil aus dem benachbarten Deutschland) bedeuten für die Österreicher vermutlich „weniger" als die knapp 400.000 Gäste aus den reichen Industrieländern auf den (nicht nur) ökologisch gefährdeteren Malediven.

Hohe Tourismuseinnahmen bzw. eine Zunahme der Devisenvorräte allein bewirken jedenfalls nicht automatisch eine (langfristig) positive Entwicklung. Ohne halbwegs leistungsfähige ökonomische, politische und soziale Infrastrukturen, eine funktionierende Verwaltung, ein ausreichendes allgemeines Bildungsniveau, ein Minimum an politischer Stabilität und ohne eine vorausschauende Wirtschafts- und Entwicklungspolitik stellt sich meist eine nur auf bestimmte Schichten beschränkte Scheinblüte ein.

Weitere Einschränkungen kommen hinzu: Ein Großteil der touristischen Anlagen und Investitionen befindet sich in der Hand ausländischer Kapitalgeber. Nur ein Teil der Erträge kommt der Entwicklung der Zielgebiete zugute. Vom im Land verbleibenden Betrag der Einnahmen wird wiederum ein beachtlicher Prozentsatz ausschließlich für Urlauber investiert, z.B. in Komforthotels, bequeme Reisebusse oder Verkehrsverbindungen für den Transfer vom Flughafen ins Hotel.

Auch das häufige Argument, dass durch den Tourismus dringend benötigte *Arbeitsplätze* geschaffen werden, bedarf einer Korrektur: Auf den ersten Blick ist das sicher der Fall, aber es handelt sich dabei nur teilweise um Beschäftigungen, die ein stabiles Einkommen und ein entsprechendes Sozialprestige garantieren. Oft wird – wie z.B. bei Ferienclubs – eigenes (höherqualifiziertes) Personal mitgebracht, so dass für die Einheimischen allenfalls schlecht bezahlte Saisonsjobs bleiben. Wenn sich dadurch auch insgesamt die Durchschnittseinkommen erhöhen, so ergeben sich doch häufig auch dadurch negativ bewertete Auswirkungen auf die Sozialstruktur und den gesellschaftlichen Zusammenhalt (s. u.). Durch die Abwanderung von Arbeitskräften in den touristischen Dienstleistungssektor kommt es vielfach zur Verödung landwirtschaftlicher Flächen. Mangels einheimischer Produktion müssen dann Nahrungsmittel für Einheimische wie Touristen importiert werden, wodurch es zu Devisenabflüssen kommt. Unabhängig davon führt die Nachfrageerhöhung durch die zahlungskräftigen Touristen häufig zu einem erheblichen Anstieg der allgemeinen Lebenshaltungskosten.

Vermehrte Bodenspekulation und die damit einhergehende Vertreibung einheimischer Bauwilliger und nicht-touristischer Investoren stellen eine andere problematische Konsequenz der touristischen Erschließung eines sogenannten Entwicklungslandes dar (s. dazu Cohen 1993). Im Zuge dessen geraten die (oft) fruchtbaren Küstenstreifen in die Hände von einheimischen und ausländischen Spekulanten, die das Land zu Dumpingpreisen aufkaufen und es dann mit enormen Gewinnen an die großen Konzerne verkaufen. Nicht selten entwickeln sich so vormals lebendige Dörfer zu international-gesichtslosen Vernügungs-, Schlaf- und Geisterstädten.

Ungeachtet solcher (hier nur angedeuteter) Relativierungen sind viele Länder der „Dritten Welt" auf die Einnahmen angewiesen, die sie aus dem Tourismus erhalten. Vorausgesetzt die Kasse stimmt – und oft stimmt sie aus den dargelegten Gründen langfristig nicht – wird auch manches von den „Bereisten" hingenommen, das auf Kosten der (sonst so sehr betonten) traditionellen sozialen und kulturellen Interessen (oder besser des idealisierten Bildes davon) geht.

Überlegungen, die Tourismusbilanz seitens der Zielgebiete durch eine Verminderung der damit verbundenen materiellen und immateriellen Kosten und/oder eine Erhöhung der Gewinne zu verbessern, erscheinen also naheliegend. Verschiedentlich bemühte und bemüht man sich, durch gesetzliche Regelungen nachteilige ökonomische Folgen für die einheimische Bevölkerung zu begrenzen und den Gewinnabfluß seitens der (ausländischen oder internationalen) Tourismusbranche bzw. Kreditgeber einzuschränken, doch zeigen solche Initiativen oft nicht den gewünschten Erfolg. Da viele Ziele in der „Dritten Welt" mehr oder weniger austauschbar sind, zu „Strand-mit-Palmen-Kulisse" degradiert (Pfaffenbach 1996, S. 7) werden und damit Merkmale von „Nicht-Räumen" erwerben, werden die devisenbringenden Ströme eben umgeleitet – dorthin, wo ein kapital- und arbeitgeberfreundlicheres Klima herrscht.

Eine bessere Lösung zur Verhinderung des Kapitalabflusses bestünde darin, vor Ort attraktive Investitions- und Anlagemöglichkeiten zu schaffen (d.h. mitzuhelfen, diese Länder auch anderweitig zu entwickeln). Dazu aber fehlen meist die notwendigen Voraussetzungen, z.B. eine gesunde Währung, eine geringe Staatsverschuldung, politische Stabilität oder zukunftsträchtige Industrien.

2.2. Ökologische Auswirkungen

Eine im großen Maßstab betriebene touristische Erschließung wirkt sich häufig nachteilig auf die natürliche Umwelt von Pflanzen, Tieren und Menschen aus, weil damit die Zerstörung von Lebensräumen, die Zersiedelung der Landschaft und die Verknappung natürlicher Ressourcen vorangetrieben werden. Dazu sind solche Belastungen hinzuzurechnen, die nicht ein bestimmtes Zielgebiet, sondern letztlich das Ökosystem insgesamt betreffen (z.B. Luftverschmutzung durch den gestiegenen Flugverkehr). Weiterhin sind (neben den unmittelbaren Tourismusfolgen) *indirekte* Auswirkungen zu berücksichtigen, z.B. das Phänomen, dass das für viele Einheimische nachahmenswerte Beispiel der Fremden zur Erhöhung des allgemeinen Anspruchs- und Konsumniveaus beiträgt, was zwar der allgemeinen wirtschaftlichen Entwicklung (wenigstens kurzfristig) zugutekommt, letztlich aber auf Kosten der Umwelt geht. Zu beobachten sind jedoch auch einige vorteilhafte Aspekte, etwa wenn z.B. Naturschutzgebiete eingerichtet, Aufforstungsprogramme initiiert oder die allgemeine Sensibilität für ökologische Fragen geschärft werden. Der Widerspruch zwischen dem touristischen Interesse an einer intakten Umwelt und der Umweltbelastung bzw. -zerstörung durch den Tourismus scheint unauflösbar (Wähning 2000); letztlich sind Massenandrang und Umweltschutz unvereinbar (Knauer-Runge 1995).

Insgesamt hat der Tourismus keinen geringen Anteil an vielen ökologischen Fehlentwicklungen in den Ländern der „Dritten Welt". Die Auswirkungen treten oft erst nach längerer Zeit auf und treffen auch nicht alle Teile der Bevölkerung gleichermaßen: während sich die ökonomischen Vorteile des Urlaubsgeschäftes häufig auf eine relativ kleine

Schicht von Managern, Hotelbesitzern, Händlern, Unternehmern etc konzentrieren, haben oft die weniger Privilegierten die höchsten direkten und indirekten ökologischen Kosten zu tragen. Nicht selten verschlechtert sich deren Lebensgrundlage spürbar, so z.B., wenn durch die Anlage eines großen Hotelkomplexes das Trinkwasser knapp und die Müllhalde riesig wird.

2.3. Soziale und politische Aspekte

Auch bezüglich der teilweise problematischen sozialen und politischen Auswirkungen des Tourismus müssen einige Stichworte genügen:

Die Zunahme des Gefälles zwischen entwickelten (d.h. oft auch touristisch erschlossenen) und weniger entwickelten Gebieten trägt mit zur Verschärfung sozialer Gegensätze im Zielland bei, besonders wenn integrierende Strukturen und Mechanismen fehlen oder im Zuge der Modernisierung an Verbindlichkeit einbüßen. Häufig kommt es zu unerwünschten Migrationsprozessen der Landbevölkerung in die touristischen Zentren, was dort zu entsprechenden sozialen Problemen (Prostitution, Bettelei, Kriminalität, Alkoholismus) führen kann.

Zur *Destabilisierung* kann auch eine durch den Tourismus mitbedingte Erhöhung des materiellen (z.B. Einkommen) und sozio-kulturellen (z.B. Individualismus) Anspruchsniveaus beitragen. Dies ist nicht nur nachteilig: Unter günstigen Voraussetzungen können sich so Leistungs- und Produktivitätsanreize ergeben, doch fehlen häufig die strukturellen Voraussetzungen, um derartige Motive in individuell und gesellschaftlich positiver Weise zum Tragen zu bringen; oft findet lediglich eine wenig nachhaltige Nachahmung importierter Moden und Produkte statt. Probleme ergeben sich vor allem dann, wenn die ökonomischen Ressourcen und strukturellen Bedingungen nicht für eine Realisierung der Ansprüche auf legalem Weg ausreichen.

Weiterhin wird eine intensive touristische Erschließung häufig durch eine bedenkliche *Abhängigkeit* vom Ausland bzw. von ausländischen oder multinationalen Investoren erkauft. Diese neigen dazu – auch aufgrund fehlender Investitionsmöglichkeiten, geringer wirtschaftlicher Anreize und einer hohen Inflation im Entwicklungsland – einen Großteil der erwirtschafteten Gewinne ins Ausland, d.h. in die entwickelten reichen Länder zu transferieren. Hinzu kommt die Abhängigkeit von den großen Veranstaltern, die ihre Macht im Interesse ihrer Kunden und vor allem im eigenen Interesse einzusetzen wissen und z.b. für sie weniger lohnende Ziele aus ihrem Angebot streichen. Umweltschäden, wirtschaftliche und politische Krisen, Boykottkampagnen einflußreicher gesellschaftlicher Gruppen, aber auch schon unfreundliche Berichterstattungen in der Presse können zu einem massiven Rückgang der Touristenzahlen führen. Sind solche Änderungen schon für die Länder der europäischen Peripherie schwer zu verkraften, so erst recht für ein noch mehr tourismusabhängiges Land in der „Dritten Welt" wie z.B. die Malediven, wo die Tourismuseinnahmen über 70% des Pro-Kopf-Einkommens ausmachen.

Die Abhängigkeit vom Tourismus bringt oft auch ein erhöhtes Risiko für Erpressungsversuche oppositioneller Gruppen mit sich, können doch (wie die Beispiele Ägypten, Indonesien, Sri Lanka oder Türkei zeigen) die Touristenströme zumindest kurzfristig durch spektakuläre terroristische Anschläge oder allein die Drohung damit beeinflußt werden. Auf der anderen Seite läßt sich aber das Argument, um die Schaffung bzw. Aufrechterhaltung stabiler Verhältnisse (und um die aus dem konstanten Tourismus resultierende wirtschaftliche Stabilität) besorgt zu sein, zur Rechtfertigung repressiver Maßnahmen gegenüber oppositionellen Gruppen heranziehen.

2.4. *Sozio-kulturelle Aspekte*

Jahr für Jahr werden die Sonnenstrände an der südeuropäischen Peripherie und in sogenannten Entwicklungsländern aufgesucht, wo Millionen von Urlaubern dann nicht nur Erholung und Freude, sondern auch manche Irritationen und Frustrationen erfahren (z.B. Scholz 1989, Sauter 1994, Saltzwedel 1997) und verursachen. Gespräche, Umfragen und an die Veranstalter gerichteten Beschwerden lassen nicht selten gehörigen Unmut erkennen. Dazu einige Beispiele (aus Scholz 1989, S. 59):

„Diesen Ausflug in Kenia zu den Dörfern der Massais kann man nur Sadisten zumuten, aber nicht Menschen, die aus der deutschen Kulturwelt kommen. Mehrere Damen und ein älterer Herr waren der Ohnmacht nahe, als sie mit ansehen mußten, wie einer der Schwarzen einen Pfeil auf ein Rind anlegte und es in die Halsschlagader schoß, worauf mehrere Stammesleute gierig das Blut aus der sprudelnden Quelle tranken und dann sogar uns anboten. Ich war in den nächsten zwei Tagen nicht in der Lage, überhaupt etwas zu mir zu nehmen und habe aus Schwäche auch auf den zweiten und bereits bezahlten Ausflug verzichten müssen."

„Anlaß zu unserer Klage und Rückforderung ist vor allem die mangelhafte Beschreibung der Ferienwohnung. Wir haben beispielsweise tagelang Kartoffeln und Gemüse in dem kleinen Standbecken gewaschen, bis uns durch Zufall Nachbarn bei einem Besuch darauf aufmerksam machten, dass es sich bei diesem Becken um ein sogenanntes Bidet handelte, für desen Gebrauch nicht wie beim Elektrogrill oder Backofen eines Gebrauchsanleitung vorlag."

„Keine Flugzeugentführung hätte uns mehr schocken können als der Besuch der Verbrennungsstätte in Kalkutta, wo die Leute auf offener Straße auf großen Holzhaufen verbrannt werden. Hier wurden uns die ewigen Qualen des Fegefeuers durch die sich in der Glut windenden Gebeine der armen Seelen in so schonungsloser Offenheit gezeigt, dass die meist älteren Teilnehmer an der Reise jede weitere Lust an Ihrem Reiseleiter verloren und nur noch an wenig teilnahmen."

Nicht nur die sich den Strapazen freiwillig aussetzenden Reisenden, sondern auch die unfreiwillig Bereisten finden Grund zur Klage (15).

„Ein junges ausländisches Pärchen (...) stand eng umschlungen da und küßte sich leidenschaftlich. Auf dem Balkon des gegenüber liegenden Hauses saß eine Familie beim Abendessen. Plötzlich fing der Familienvater erzürnt an, auf Türkisch zu schreien und beschimpfte das junge Pärchen wegen seines Verhaltens. Alle Umstehenden sahen auf den Balkon hinauf, auch das junge Pärchen. Da sie jedoch nicht verstanden, was der Mann gesagt hatte und sich auch nicht angesprochen fühlten, fuhren sie mit dem Küssen fort, worauf die Dalyaner Familie erzürnt den Balkon verließ und sich in das Haus zurückzog." (Sester 1992, S. 100)

„Eine der nicht gefaßten schwefelhaltigen Heilquellen, die auch von türkischen Familien besucht wird, befindet sich ca. 150 Meter von einem Bootsanlegesteg am Fluß entfernt. Am Rande des Weges zu den Quellen saßen zwei Familien beim Picknick, nachdem einzelne Familienmitglieder in dem Thermalwasser gebadet hatten. Ein Ausflugsboot mit Touristen legte am Bootssteg an, und die Insassen machten sich auf den Weg Richtung Heilquellen. Alle waren mit Badehosen bzw. Bikinis bekleidet, bis auf zwei Frauen, die kein Bikinioberteil trugen. Die kleine Gruppe ging direkt an den einheimischen Familien, deren Frauen mit Kopftüchern, langen Röcken und langärmeligen Blusen bekleidet waren, vorbei. Alle Familienmitglieder waren ersichtlich beschämt, wendeten ihre Köpfe ab oder drehten sich errötend um. Eine der Familien packte sofort alle Picknicksachen zusammen und verschwand. Die Touristinnen schienen nichts zu bemerken, sie vergnügten sich längst lachend und lärmend in den Schwefelquellen und rieben sich gegeneitig mit Schlamm ein." (ebda., S. 71)

Zur Vermeidung jeglicher Irritationen und Konflikte bedürfte es seitens der Reisenden viel Geschick, Wissen und Übung, kulturell vermittelte, verinnerlichte und den Einheimischen oft nicht einmal bewußte Grenzen zu erkennen und damit sich und den anderen Peinlichkeiten zu ersparen. Der angemessene räumliche Abstand zwischen Fremden, das Ausmaß und die Intensität erlaubter Blickkontakte zwischen Angehörigen unterschiedlicher sozialer Klassen, Fragen der Etikette und ein Bewußtsein für unterschiedliche Situationsdefinitionen sind Beispiele dafür. Hinzu kommt, dass in der Regel Bezugsgruppen und Bezugspersonen aus dem eigenen sozio-kulturellen Herkunftskontext am wichtigsten und damit verhaltensdeterminierend sind (de Sola Pool 1993, S. 11). So gibt es auch für einen noch so aufmerksamen und sensiblen Reisenden zahlreiche Möglichkeiten, ungewollt aufzufallen. Auch um Konformität mit am Urlaubsort geltenden Normen und Regeln bemühte Touristen begehen Regelverstöße aufgrund von Unkenntnis oder mangelnder Sensibilität. Die Aufenthaltsdauer von meist nur zwei bis drei Wochen ist zu kurz, um einen am Ort geltenden Verhaltenskodex in allen Nuancen zu erfassen, was zudem bei der Beschränkung auf weitgehend abgeschlossene Hotels und Strände auch als eigentlich entbehrlich erscheint (Kiefl 1993, 1997, 2001).

Klagen über das aufgrund der jeweiligen kulturell bedingten Erwartungen als „Fehlverhalten" beurteilte Benehmen von Reisenden und Ansässigen sind aber nicht neu. So wetterte bereits Seneca über das „schamlose" Treiben der Touristen am Golf von Neapel (Scherer 1995, S. 7). Ende des 11. Jahrhunderts beklagte sich der Mönch Lampert aus dem Kloster Hersfeld (Hessen) über die Jerusalem-Pilger, die nicht willens seien, sich auf die Gegebenheiten eines fremden Landes einzustellen, indem sie z.B. ihren Reichtum zur Schau stellten und damit Überfälle provozierten (Ohler 1991, S. 302). Andererseits findet sich bei antiken und mittelalterlichen Reisenden manche massive Kritik an betrügerischen, schmutzigen oder verkommenen Einheimischen. Selbst ein für seine Zeit als aufgeklärt geltender Reisender wie Marco Polo berichtet von „schändlichen" und „schamlosen Gewohnheiten" einiger der von ihm aufgesuchten Gruppen (Demarest 1983, S. 133). Später, im Zeitalter der Entdeckungsfahrten und des Kolonialismus, tauchen derartige Bewertungen noch häufiger auf und dienten so der Rechtfertigung von Expansion, Unterwerfung, Ausbeutung und Missionierung.

Unabhängig von solchen Rationalisierungsbedürfnissen (zur Abwertung der Touristen oder der Einheimischen) bewirkt (zunächst) nicht verstehbares Verhalten Irritationen, Bedrohungsgefühle und Abwehr bei denjenigen, die damit konfrontiert werden, sehen sie doch das von ihnen bislang für selbstverständlich angesehene Welt- und Menschenbild einschließlich der für verbindlich gehaltenen Auffassungen über „gut" und „böse", „schicklich" und „unziemlich" in Frage gestellt. Wenn sich dann noch entsprechende Stereotype und Feindbilder anbieten, steht einer entsprechenden selektiven und oft bipolaren Wahrnehmung und Bewertung nichts mehr im Wege.

Bei vielen Tourismuskritikern macht sich dabei allerdings eine etwas ambivalente Haltung bemerkbar: Irritationen und Provokationen durch „Andere" und „Anderssein" werden häufig für die eigene „entwickelte" Kultur und Gesellschaft als belebende Elemente, als Garanten gegen geistige und soziale Erstarrung gewürdigt. (dass die Bevölkerungsmehrheit diese von vielen Gesellschafts- und Kulturkritikern, Journalisten und Feuilletonisten geteilte Haltung allenfalls hinnimmt, steht auf einem anderen Blatt). Die häufig als ziemlich homogen und undifferenziert dargestellte und wahrgenommene Kultur touristischer Zielländer scheint dagegen nach Auffasung mancher Tourismus-Kritiker solche Irritationen schlecht zu vertragen. Dort gibt es aber ebenfalls (wenn auch nicht vielleicht auf den ersten Blick wahrnehmbar) konkurrierende und konfligierende Sozialkategorien, Schichten und Interessengruppen, die nicht nur an den materiellen bzw. ökonomischen Auswirkungen des Tourismus in unterschiedlicher Weise betroffen sind, sondern auch von den dadurch hervorgerufenen Konsequenzen sozialpsychologischer und kultureller Art. Bei einer größeren Anzahl anspruchsvoller Touristen scheint es z.B. unabdingbar, dass sich das betreffende Zielland wenigstens teilweise für bestimmte, auch als unbequem empfundene Zeitungen aus dem Herkunftsland der Touristen öffnet, was auf lange Sicht auch der Informationsfreiheit vor Ort zugutekommen dürfte. Abgesehen von der kaum lösbaren Bewertungsproblematik, die notwendigerweise auch von eigenen (ethnozentrisch gefärbten) Urteilen ausgeht, könnte es doch sein, dass manche (nach unserem abendländischen Verständnis) als „positiv" beurteilte Entwicklungen auch durch irritierende touristische Begegnungen gefördert werden. So haben z.B. sicherlich die sich aus dem Massentourismus aus West-, Mittel- und Nordeuropa ergebenden Konktate der spanischen Bevölkerung mit liberaleren Einstellungen und ungewzungeneren Verhaltensweisen zur Aufweichung der Diktatur in den letzten Jahren des Franco-Regimes beigetragen. Möglicherweise leisten etwa auch heute viele der sich selbstsicher und unabhängig bewegenden Touristinnen einen indirekten Beitrag zur Emanzipation ihrer Geschlechtsgenossinen in Ländern der „Dritten Welt", indem sie ihnen (unbeabsichtigt) ein Modell für eine weniger abhängige Lebensweise oder für einen freieren Umgang zwischen den Geschlechtern bieten. Vielleicht hat ein ökologisch konsequentes Verhalten einzelner Touristen bei manchen Einheimischen zu einer größeren Sensibilität für Umweltfragen beigetragen. Es erschiene lohnend, auch nach solchen Auswirkungen zu forschen (16).

Destabilisierende und sozial nachteilige Wirkungen werden auch dem „Vorbildcharakter" der Fremden und den von ihnen importierten Waren, Werten, Moden und Verhaltensweisen insbesondere auf die einheimische Jugend zugeschrieben: Jüngere Menschen können sich leichter und schneller auf Veränderungen einstellen und profitieren stärker vom expandierenden Tourismussektor. Indem sie selbst mit den schlechtbezahlten Saisonjobs oft mehr als ihre Eltern und Großeltern verdienen, wird der Autoritätsverlust der älteren Generation beschleunigt.

Vom Standpunkt konservativer (d.h. an der Aufrechterhaltung bestehender Strukturen und Werte interessierter) Kreise aus müssen die destabilisierenden Auswirkungen auf Machtverhältnisse, Kultur, Moral, Umgangsformen und Moden zur negativen Seite der Bilanz hinzugerechnet werden. Gerade hier fällt aber eine Bewertung – im Gegensatz zu der der ökologischen Auswirkungen – recht schwer und hängt ab von den Einstellungen des jeweiligen Beurteilers, vom Zeitgeist, von Vorurteilen und von politischer Opportunität. Mitunter scheinen sich manche Kritiker darum zu sorgen, dass der moderne Massentourismus archaisch und ungerecht anmutende Macht- und Herrschaftsverhältnisse in Ländern der Dritten Welt gefährden könnte. Dazu gehören z.B. Klagen über die Schwächung des Familienzusammenhalts, was ja häufig mit einem Machtverlust älterer männlicher Sippenchefs verbunden ist.

In diesem Zusammhang wird häufig der Begriff „Kulturschock" genannt (dazu Furnham 1984; Vester 1993, S. 171 ff.): Indem die Einheimischen die überlegene soziale Stellung der Fremden erfahren und beginnen, sich an den neuen, attraktiven und für sie unerreichbaren Attributen und den für sie irritierenden Werten und Verhaltensweisen zu orientieren, wird vielen die eigene materielle *Unterlegenheit,* Unfreiheit und Armut erst richtig bewußt. Daraus können – oft gleichzeitig oder innerhalb eines Prozesses – zwei scheinbar gegensätzliche Haltungen resultieren, die die Ausbildung von Verständnis gleichermaßen erschweren: Entweder kommt es zu einem kollektiven Unterlegenheitsgefühl und einer Abwertung der eigenen Kultur und Geschichte, oder – unter Anlehnung an nationale Ideologien oder religiöse Vorstellungen –

zu massiven Abwehrreaktionen den Fremden und ihrer Kultur gegenüber (dazu z.B. Kepel 1991; Meyer 1991). Im letzteren Fall erscheinen dann Touristen als „degeneriert" oder „unmoralisch" (Sester 1992) und als Gefahr für das eigene Land und seine Kultur und Traditionen. Dies begünstigt die Rückbesinnung auf eigene Traditionen und Moralvorstellungen (Moser-Weithmann 1999, S. 78), kann aber auch ein guter Nährboden für die Entstehung fremdenfeindlicher Haltungen bis hin zu Gewalttaten, ja Terrorismus sein.

Das ist jedoch nicht der Normalfall: Wenn auch Abweichungen von Gruppennormen und/oder kulturellen Selbstverständlichkeiten Befremden, Dissoanzen und Abwehr der sich an ihnen Orientierenden auslösen, sind die Reaktionen darauf nicht beliebig sondern ebenfalls kulturell geprägt: Stets gibt es verbindliche Vorstellungen darüber, wie mit bestimmten Abweichungen und Abweichern zu verfahren ist, d.h. ob normalerweise ein Übersehen genügt, ob man darüber (heimlich oder offen) lacht, die Abweichung als willkommene Attraktion begrüßt (17), den Abweicher zurechtweist oder Sanktionen initiiert. Eine allzu sensible bzw. rigorose Haltung gegenüber Normverletzungen ist meist wenig praktikabel, d.h., in jeder Gruppe besteht die Notwendigkeit, ein gewisses Ausmaß an Abweichung zu tolerieren. Dies geschieht z.B. durch (mehr oder weniger bewußtes) Ignorieren, durch das Erfinden bzw. die Akzeptanz von Rechtfertigungen für das abweichende Verhalten und für Entschuldigungen gegenüber dem Abweicher, durch Distanzierung und durch Abwertung (Moser-Weithmann 1999, S. 81), etwa nach dem Motto, wonach '..nur Esel und Touristen mittags in der Sonne liegen'.

Einige grundsätzliche Möglichkeiten, um mit (befürchteten oder tatsächlichen) tourismusinduzierten Störungen umzugehen, sind:

– *Zugestandene Narrenfreiheit:* Erkennbar Fremden wird in der Regel manches absonderlich erscheinende Verhalten nachgesehen, d.h. es werden gewisse Sonderrechte gewährt. Insofern kann es durchaus Sinn machen (und Vorteile mit sich bringen), auf den ersten Blick als Tourist erkannt zu werden (18). Die Toleranz kann sich jedoch ändern, wenn sich aus dem Auftreten und Verhalten der Touristen für die Einheimischen spürbare Nachteile ergeben, so z.B. die Verknappung von (Trink) Wasser, weil die Fremden damit allzu sorglos umgehen. Werden Touristen als direkte oder indirekte Verursacher neuer Probleme (Bodenspekulation, Kriminalität, Prostitution, Preissteigerungen für Grundnahrungsmittel, Veränderung traditioneller Werte und Einstellungen, Bedrohung der nationalen bzw. kulturellen Identität u.a.m.) wahrgenommen, kann eine zunächst tolerante Haltung in Argwohn und Feindseligkeit umschlagen, so z.b. der Fall Ende der 80er Jahre in Goa oder etwas später auf Bali (19). Schon aus diesem Grund ist es für Tourismusplaner und Veranstalter wichtig, der Bevölkerung in den Zielregionen die Vorteile einer touristischen Erschließung (Erhöhung des Bruttosozialprodukts, Schaffung von Arbeitsplätzen usw.) nahezubringen und allzu rigorosen Tourismuskritikern im allgemeinen Interesse Zügel anzulegen (20). Bei deutlicher Überschreitung der touristischen Aufnahmekapazität, extremer kultureller Distanz zwischen Reisenden und Bereisten und dem Ausbleiben der erhofften positiven Effekte für die Masse der Bevölkerung dürfte dies schwierig werden.

– *Anpassung und interkulturelles Lernen*: Bereitschaft zur Anpassung an örtliche Normen charakterisiert insbesondere die Reisenden zu Beginn der touristischen Entwicklung (Vorlaufer 1984). Dies hat weniger damit zu tun, dass es sich dabei um besonders kultivierte und sensible Gäste handelt, als damit, dass die Reisenden (im Unterschied zu den heute in großer Zahl auftretenden Pauschalurlaubern) während ihres Aufenthalts kaum Sicherheit, Bestätigung und Unterstützung durch die Kultur ihres Herkunftsmilieus erfuhren, d.h. dass die dominante fremde Kultur des Zielorts wenig Raum für Abweichungen ließ. Hinzu kommt, dass zu Beginn einer touristischen Erschließung noch Personen überrepräsentiert sind, denen eine Anpassung leichter fällt (z.B. aufgrund entsprechender Sprachkenntnisse oder eines tiefergehenden Interesses am Zielgebiet) und/oder für die sich Anpassungsbemühungen unmittelbar auszahlen (z.B. Geschäftsleute, Wissenschaftler, Missionare). Insbesondere bei längeren Aufenthalten und/oder bei der Notwendigkeit, intensivere und dauerhaftere Beziehungen zu Einheimischen herzustellen, ist eine Kenntnis der mit dem Status des Fremden verbundenen Verhaltenserwartungen dem eigenen Anliegen förderlich und so sorgt bereits das Eigeninteresse vieler Firmen dafür, ihre Auslandsmitarbeiter in entsprechenden Seminaren zu schulen (Commer 1987). Auf lange Sicht kann – vor allem bei längeren Aufenthalten – eine zunächst äußerliche Anpassung bis zur Internalisierung bislang unbekannter Normen, Werte und Verhaltenserwartungen und damit zur Enkulturation der Fremden führen.

Reiseführer, Urlaubskataloge, einschlägige Zeitungsartikel oder VHS-Kurse enthalten aber auch für die bekannten „Massenziele" der Pauschaltouristen mehr oder weniger detaillierte Informationen darüber, wie möglichen unbeabsichtigten Irritationen vorgebeugt werden kann (21). Wenn manche Informationen mitunter auch lückenhaft, einseitig, teilweise widersprüchlich, überflüssig und auch nicht immer durch- und umsetzbar sind, geben sie doch wichtige Hinweise darauf, inwieweit sich ein bestimmtes Ziel überhaupt für die erhoffte Urlaubsart eignet. Inwieweit aber eine „wünschenswerte Heranführung der Touristen an die Landessitten" (Moser-Weithmann 1999, S. 81) gelingen kann, bleibt angesichts der dominanten hedonistischen Urlaubermotive und der Unterstützung durch bzw. Orientierung an der eigenen Herkunfts-Bezugsgruppe fraglich (z.B. Kimmerle 1996). Der Nutzen von Aufklärungs- und Sensibilisierungsarbeit besteht vielleicht weniger in der Hoffnung auf vordergründige Verhaltensänderungen als in der langfristigen Vermittlung der grundsätzlichen Erkenntnis, dass sich räumliche Freizügigkeit und Verhaltensfreizügigkeit ausschließen können. Der Preis (räumlich) grenzenlosen Reisens besteht – besonders in Ländern der Dritten Welt – in der Anerkennung von Verhaltenszumutungen bzw. im Risiko teilweise recht harter Sanktionen bei Übertretungen (22) und die erträumte (fast) grenzenlose Freiheit findet man dort oft nur in der gut abgeschirmten, schützenden und begrenzten Touristenenklave.

3.
Grenzenloser Tourismus

„Keine Mauer ist so hoch, als dass sie nicht ein mit Gold beladener Esel übersteigen könnte." (Philipp II. von Mazedonien; 382-336 v.Chr.)

Der moderne Massentourismus bedeutet auf lange Sicht einen Angriff auf bestehende Grenzen, und er wird auch deshalb ziemlich ambivalent bewertet. Einerseits sind viele Länder insbesondere der „Dritten Welt" auf ihn angewiesen, da er oft der einzige größere Aktivposten in ihrer Handelsbilanz ist bzw. sein könnte (Scherer 1995, S. 101), doch wird andererseits die zunehmende Durchlässigkeit der Grenzen für Personen, Geräte und Ideen als Herausforderung für bislang geltende Werte und Ordnungsvorstellungen gesehen. Deshalb sind an der Beibehaltung der Grenzen vor allem jene interessiert, die – aus realen Interessen oder aus ideellen Motiven – die Bestandserhaltung der ökonomischen, politischen und sozialen Strukturen, des kulturellen Selbstverständnisses und des ideologischen Überbaus und/oder eine weitgehend von außen möglichst unbeeinflußte Entwicklung wünschen.

Auch wenn politisch-territoriale Grenzen durchlässiger werden oder ganz wegfallen, bestehen kulturelle Grenzen weiter – nicht nur wegen der damit häufig gegebenen Sprachbarrieren. „Kultur" ist im weitesten Sinne zu verstehen, als „Gesamtheit der Verhaltenskonfigurationen einer jeden sozialen Gruppe, ganz gleich, wie groß und dauerhaft sie ist" (Fuchs 1975, S. 382). Ein derart allgemeiner Begriff, der sich sowohl auf Vereine, Familien, Arbeitsgruppen oder Gesellschaften anwenden läßt, macht deutlich, dass wir uns zum Verständnis des Wechselspiels von Ent- und Begrenzungen nicht auf (Groß-) Gesellschaften beschränken können, wenn diese auch für die weiteren Überlegungen im Vordergrund stehen.

„Kultur" im engeren Sinne umfaßt „die Gesamtheit der Verhaltenskonfigurationen einer Gesellschaft, die durch Symbole über Generationen hinweg übermittelt werden, in Werkzeugen und Produkten Gestalt annnehmen und in Wertvorstellungen und Ideen bewußt werden." (Fuchs 1975, S. 382). Innerhalb kultureller Grenzen gelten spezifische Normen und Werte, die sich u.a. auf die Ausgestaltung interpersonaler und sozialer Beziehungen (z.b. zwischen Männern und Frauen oder zwischen Autoritätspersonen und Untergebenen) und auf die Definition sozialer Situationen (z.b. als „harmlos" oder „prekär") beziehen. Insofern können wir auch von kulturell variablen interpersonellen, sozialen und situativen Grenzen sprechen. Da im Gegensatz zu den territorialen bzw. politischen Barrieren bei den kulturellen Grenzen meist sowohl ein klarer Kodex als auch spezielle und leicht identifizierbare Sanktionsagenten im Falle von Übertretungen fehlen, sind sie weniger sichtbar und können daher auch leichter überwunden bzw. verletzt, aber schwerer aufgehoben werden.

Je mehr kulturelle Grenzen durch Imperialismus oder Globalisierung bzw. durch eine sowohl attraktive als auch aggressive technisch fortgeschrittene Zivilisation und ihre Begleiterscheinungen bedroht werden, desto wahrscheinlicher werden entsprechende Gegenreaktionen. Auch (quantitativ bedeutsamer) Tourismus – von Experten zurecht als *Faktor kultureller Beschleunigung* (Schimany 1997, S. 175) bezeichnet – kann in der Lebenswelt der Bereisten als ärgerliche Herausforderung oder als reale Gefährdung der gesellschaftlichen und kulturellen Identität auftreten. Dies erhöht die Sensibilität gegenüber tourismusinduzierten Grenzverletzungen, doch können solche Übertretungen auch erwünscht sein, um dann als Konsequenz eine rigorose Abgrenzungspolitik zu rechtfertigen. Ebenso wie Normabweicher der Bekräftigung sozialer Normen dienen und damit letztlich eine integrative und stabilisierende Wirkung ausüben (König 1972, S. 736), helfen Grenzverletzter mit, Grenzen sichtbar zu machen und schützenswert erscheinen zu lassen.

3.1. Die Illusion der Grenzenlosigkeit

Dem Tourismus wird eine Schlüsselstellung bei der Überwindung von Grenzen nachgesagt. Soweit man sich allein auf territorial-politische und kulturelle Grenzen bezieht, trifft dies sicher zu, da hier die Interessen von Veranstaltern und den für den Tourismus in den Zielregionen Verantwortlichen übereinstimmen. Die besondere Bedürfnisstruktur der (potentiellen) Kundschaft, d.h. der (immer noch) relativ wohlhabenden Massen in den Industrieländern, bietet günstige Voraussetzungen für die quantitative und qualitative Weiterentwicklung des Tourismus, wozu auch die Erschließung neuer Zielregionen mit den vielfach beschriebenen problematischen Auswirkungen (23) gehört.

Dies beinhaltet allerdings noch kein im wörtlichen Sinne „grenzenloses" Reisen, denn die weitgehend realisierte „objektive" Grenzenlosigkeit heißt nicht, dass jedes mögliche Ziel auch im nennenswerten Umfang aufgesucht wird. So konzentrierten sich z.B. Anfang der 90er Jahre etwa 50% der deutschen Auslandsurlauber allein auf Spanien, Italien und Österreich. Wie Untersuchungen gezeigt haben, kommt es besonders den über 35jährigen immer weniger darauf an, fremde Länder als solche zu besuchen: „Wenn der Urlaubserfolg gesichert erscheint, ist es nicht wichtig, ob das in Griechenland, in Berchtesgaden oder in der Karibik erreicht wird" (Roth 1998, S. 53). Wirtschaftliche Gründe scheinen dafür nicht ausschlaggebend zu sein, denn auch die Wohlhabenden beschränken sich oft nur auf eine überschaubare Anzahl von Zielen. Mangelnde wahrgenommene Attraktivität, fehlende Infrastruktur, Unbequemlichkeit, Desinteresse, ein schlechtes Image und vieles mehr sorgen dafür, dass die Mongolei oder die Falkland-Inseln keine Besuchermassen anziehen. Das ist nicht weiter verwunderlich, kommt es doch bei der Zielentscheidung auf den wahrgenommenen *instrumentellen* Wert an (24).

Zur Kaschierung sozial weniger akzeptierter Reise*motive* dürfte das der Überwindung von Grenzen allerdings eine gewisse Rolle spielen, denn „hin zu..." fremden Ländern, unberührten Gegenden, Kunst und Kultur usw. klingt immer noch besser als „weg von..." Alltag, Arbeit, Familie, Pflichten und sozialer Kontrolle. Solche Fluchtanreize werden auch durch scheinbar unausrottbare Klischees über „letzte Paradiese" unterstützt, an denen (aus nachvollziehbaren Gründen) Veranstalter, Tourismusindustrie und staatliche Tourismusplanung und -förderung in den Zielgebieten interessiert sind, so dass ein Ende der touristischen Erschließungsdynamik (Kiefl 1993) nicht abzusehen ist.

Touristische „Grenzenlosigkeit" läßt sich – wie angedeutet – nicht allein politisch-territorial definieren. Das, was viele Touristen vielleicht uneingestanden mit einer Urlaubsreise assoziieren, ist weniger die Überwindung räumlicher Grenzen als die zeitweilige Überschreitung *sozialer* Schranken, die ersehnte Befreiung von Alltagszwängen, Tabus und Routinen und die Sehnsucht nach einer entsprechenden Gegenwelt. Dies betrifft nicht nur Hochstapler in Luxushotels, „Ballermann-Kampftrinker" auf Mallorca, Insassen der „Bangkog-Bumsbomber" und Sucher des Yeti oder des „edlen Wilden", sondern auch weniger auffällige Arten temporärer Zivilisationsflüchtlinge. Verreisen ist dann vor allem neben der Suche nach dem Glück auch *Ventilsitte*, d.h. ein institutionalisierter Ausweg für unstatthafte Bedürfnisse, die normalerweise im Interesse eines konfliktarmen Miteinanders unterdrückt werden müssen. In der Fremde, wo die soziale Kontrolle fehlt bzw. meist folgenlos bleibt, kann man leichter hochstapeln, über seine Verhältnisse leben, „die Sau rauslassen" und – gemäß dem japanischen Sprichwort: „Fern der Heimat lebt man ohne Scham" – andere sozial weniger akzeptable Verhaltensweisen praktizieren (Wähning 2000).

3.2. Interessen an Ab- und Begrenzungen

Wenn im touristischen Selbstverständnis auch gerade der Aspekt der Überwindung von Grenzen betont wird, so lassen sich neben den skizzierten terrritorial-politischen und sozialpsychologischen Entgrenzungen auch vielfältige Ab- und Begrenzungen feststellen, hinter denen unterschiedliche Absichten stecken. Dabei stellt sich die Frage nach den jeweiligen Nutznießern, d.h. danach, wer, wo, warum und wieviel von Entgrenzungen profitiert bzw. Interesse an der Aufrechterhaltung bestehender Grenzen und an neuen Grenzziehungen hat.

Zum einen sind es die Touristen selbst: Zum *instrumentellen* Wert eines Reisezieles gehört für viele auch das damit assoziierte *Sozialprestige*, kann man sich doch durch eine entsprechende Entscheidung (und mit Hilfe der Veranstalter) von denjenigen abgrenzen, die sich für ein preiswerteres oder konventionelles Ziel entscheiden oder ganz daheimbleiben müssen: „Niemand, außer ein paar Kulturkritikern, ist daran interessiert, das Nicht-Reisen als auch sinnvolle Form der Freizeitverwendung aufzuwerten." (Kramer 1993, S. 29 f.). Insbesondere Geld ersetzt hier auf elegante Weise häßliche Schlagbäume, Zäune, Wächter und Verbotsschilder. Die demonstrierte Abhebung von „Neckermännern" und anderen Massentouristen ist seit langem ein festes Element der elitären Tourismuskritik. Dazu die Aussage einer im Rahmen einer explorativen Studie befragten Urlauberin (25):

„Ich lege Wert auf ein gewisses Ambiente. Nicht nur, weil ich die schönen Dinge und einen gewissen Lebensstil schätze, sondern auch, weil man da unter sich ist, d.h. nicht so mit aufdringlichen, niveaulosen Leuten konfrontiert wird." (Sekretärin, 35).

Die von vielen Veranstaltern angebotene Abgrenzung nach Altersgruppen findet bei Jugendlichen und jüngeren Erwachsenen positive Resonanz, scheint dies doch eine Gewähr dafür zu sein, dass jugendspezifische Bedürfnisse (Sport, bestimmte Musikrichtungen, Kontakte usw.) besondere Berücksichtigung finden. Alters- und schichtspezifisch geeignete Rahmenprogramme und Zusatzangebote lassen dann auch manche Unzulänglichkeiten in den Hintergrund treten (z.B. Lärm, Randlage, reduzierter Komfort). Auch die alte und von manchen schon als überwunden geglaubte Abgrenzung nach der Nationalität macht sich bemerkbar oder feiert Wiederauferstehung (26). Daneben entstehen immer neue Abgrenzungen (z.B. nach Lebensstil oder bevorzugter Sportart), denn die fortgeschrittene gesellschaftliche Differenzierung findet zumindest in den verschiedenen Spezialkatalogen für unterschiedliche Bedürfnisse ihren Niederschlag. Wenn, dann möchte man sich nur mit denen vermischen, die ein gleiches oder etwas höheres Sozialprestige aufweisen. Ansonsten bleibt man am liebsten unter sich (27).

Aus den Abgrenzungsbedürfnissen der einen ergibt sich aber auch ein Interesse an (begrenzten) Grenzüberschreitungen der anderen. Beides, nämlich die sowohl auf Eitelkeit basierenden Abgrenzungswünsche als auch die von Ehrgeiz und Sozialneid gespeisten Grenzüberwindungsbedürfnisse kommen den Veranstaltern zugute. Hohe Preise haben auch die Aufgabe, *Exklusivität,* d.h. Abgrenzung zu Angehörigen niedrigerer Sozialschichten zu garantieren. Dies funktioniert – zum Vorteil der Veranstalter – nur teilweise, besteht doch für die an sich Ausgeschlossenen die Möglichkeit, durch anderweitige Verzichtleistungen zeitweilig in einer höhere Gesellschaftsschicht aufzusteigen und sich durch mehr oder weniger raffinierte Täuschung unangemessenes Sozialprestige zu erschleichen. Wohlhabende Abgrenzungswillige sind deshalb – nicht immer erfolgreich – bemüht, sich durch entsprechende Rituale und Codes vor einer weitergehenden Infiltration zu schützen (s. dazu Girtler 1989).

Weniger offen geäußert (weil nicht „politisch korrekt"), dafür aber weithin praktiziert, ist die *Distanzierung* von denjenigen, die immer am Zielort leben. Die sich zunehmender Beliebtheit erfreuenden „all inclusive-" Angebote sind ein deutlicher Beleg für den höheren Stellenwert von *Bequemlichkeit und Sicherheit* gegenüber Chancen zur (oft nur versuchsweisen und halbherzigen) Überschreitung von Grenzen. Hinter dieser Zurückhaltung stecken fehlende Sprachkenntnisse, Unsicherheit oder ein schlechtes Gewissen gegenüber den in ungünstigen materiellen Verhältnissen lebenden Ansässigen. Distanzierung drückt sich aber auch darin aus, wenn den meist ärmeren Einheimischen gegenüber die eigene ökonomische und kulturelle Überlegenheit herausgestellt wird (z.B. durch gönnerhaft-joviales Verhalten, üppige Trinkgelder, Pseudo-Kumpanei u.a.m.).

Andere Abgrenzungsbemühungen werden mit dem (vorgegebenen oder tatsächlichen) Interesse der einheimischen Bevölkerung begründet: Viele Länder insbesondere in der Dritten Welt sehen sich vor dem Dilemma, einerseits Natur, Landschaft und Kultur gewinnbringend zu vermarkten und andererseits die (befürchteten) problematischen Auswirkungen auf Umwelt und Bevölkerung zu begrenzen. Somit stellt sich die Frage, wie die Touristen (d.h. ihr Geld) ins Land gelockt und dabei die befürchteten ökologischen, wirtschaftlichen, sozialen und kulturellen Auswirkungen kontrolliert werden können. Dieses Problem ist auch deshalb schwer lösbar, weil es in den Zielländern im Hinblick auf eine touristische Entwicklung branchen- und schichtspezifisch unterschiedliche Interessenlagen gibt. Bereits bei der Frage, wieviel Natur für die Erschließung und Entwicklung geopfert werden kann oder muß, herrscht Dissens, und noch weniger Eindeutigkeit ist bei der Diskussion um die sozialen und kulturellen Folgen zu vermuten, da hier Einfluß und Wertorientierungen verschiedener gesellschaftlicher Gruppen noch unmittelbarer betroffen sind. Konflikte zwischen Nutznießern und Geschädigten (bzw. sich als solche Definierenden) erscheinen unvermeidlich. Neben den unterschiedlichen Ausgangsbedingungen der einzelnen Länder führt auch die notwendige Differenzierung zwischen kurzfristigen und langfristigen Folgen dazu, dass die Erstellung einer touristischen Gesamtbilanz für die Zielgebiete und vor allem länderübergreifende Aussagen so schwierig sind (Kiefl 1996).

3.3. Strategien

Die Gewichtung der vermuteten Kosten und Profite kann – in Verbindung mit übergreifenden politischen, wirtschaftlichen und kulturellen Orientierungen – zu ganz verschiedenen „Tourismus-Philosophien" und ihren praktischen Umsetzungen führen:

a) Generell restriktive Haltung: Die touristische Erschließung wird als nicht im Interesse des betreffenden Landes liegend betrachtet und Ausländer werden nur im Rahmen bestimmter Aufträge und/oder nach Erfüllung umfassender Auflagen akzeptiert. Mit dem Tourismus verbundene Probleme und Risiken (Angst vor Spionage und Kriminalität, befürchteter ungünstiger Einfluß auf die einheimische Bevölkerung) gelten als gewichtiger als mögliche Vorteile. Eine solche Haltung ist z.B. dann zu erwarten, wenn die für die Entwicklung des Landes benötigten Devisen gering sind oder sich leicht auf andere Weise (z.B. durch den Abbau von Bodenschätze) beschaffen lassen, wenn man aus historischen und politischen Gründen Fremden mit Mißtrauen begegnet bzw. wenn es keine touristische Tradition und keine einflußreicheren gesellschaftlichen Gruppierungen gibt, die sich von einer Öffnung des Landes für Reisende Vorteile versprechen. Da solche Länder (etwa Lybien oder der Iran) in der Regel auch für erholungs- und vergnügungssuchende Reisende nicht besonders attraktiv erscheinen, ergeben sich keine besonderen Probleme.

b) „Moralischer Dirigismus" zur Begrenzung unerwünschter Einflüsse der Fremden auf die einheimische Bevölkerung scheint insgesamt wenig erfolgversprechend – es sei denn, es handelt sich um Länder, die – wie z.B. die ölreichen Golfstaaten – über genug andere ertragreiche Einnahmequellen verfügen und sich daher mehr Rigorismus leisten können. Wie das Beispiel des Prostitutionstourismus in das auf den Tourismus angewiesene Thailand zeigt, gibt es z.B. nur mühsam erkämpfte und noch sehr geringe Erfolge dagegen. In (noch) westlich orientierten islamischen Reiseländern wie der Türkei oder Tunesien werden z.B. Alkohol oder Miniröcke toleriert, und es wird sich zeigen, wie lange sich in den traditonell puritanischen, aber zunehmend tourismusabhängigeren Gebieten (wie z.B. die Vereinigten arabische Emirate) die angedrohten Sanktionen gegen solche Manifestationen eines nach westlichen Maßstäben freieren Lebensgefühls aufrechterhalten lassen.

c) Qualitäts- bzw. gezielter Tourismus: Manche Tourismus-Manager, aber auch viele Veranstalter sehen einen Weg zur Kostensenkung und/ oder zur Gewinnerhöhung in der Förderung eines „Qualitätstourismus", worunter die Veränderung von Angeboten für Touristen höherer Einkommensklassen bzw. die stärkere Aufspaltung der Marktes verstanden wird. Die erste Alternative besteht darin, für weniger und dafür reichere d.h. ausgabefreudigere Touristen attraktiv zu werden, z.B. indem man die Entwicklung des Kongreß- und Geschäftstourismus unterstützt und die weitere massentouristische Erschließung zumindest nicht fördert. Diese Rechnung muß nicht aufgehen, denn es ist ein langer Weg, bis ein Gebiet sein „Massenimage" verliert, und es kann gut sein, dass man auf diese Weise zwar die Massen abschreckt, ohne deshalb aber genügend ausgabefreudige neue Kunden zu bekommen. Während günstige Massenziele aufgrund des niedrigeren Preisniveaus und ihrer bestehenden touristischen Infrastruktur nicht so leicht ins totale Abseits geraten, dürften Ziele für wirtschaftlich potentere Bevölkerungsgruppen in stärkerem Maß modischen Strömungen unterworfen sein, und die absolut geringeren Besucherzahlen machen sie auch anfälliger dafür. Hinzu kommt, dass sich die derzeitige anhaltende wirtschaftliche Krise auf Dauer doch noch nachhaltig auf das Reiseverhalten auswirken könnte, was – wie in den 90er Jahren das Beispiel Mallorca gezeigt hat – auch zur Aufwertung bislang verpönter Massenziele führen würde.

Eine möglicherweise erfolgversprechendere Strategie beinhaltet die Enwicklung und Förderung spezieller Angebote jenseits der üblichen Besichtigungen und sportlichen Aktivitäten. So werden Urlaubsreisen mitunter mit Kursangeboten (praktische Fertigkeiten, Sprachkurse, Seminare, Selbsterfahrungsgruppen, EDV-Lehrgänge etc.) gekoppelt. Das Problem der Veranstalter besteht darin, dem potentiellen Kunden oder Gast diese speziellen Angebote gekoppelt an bestimmte Zielgebiete/-Länder zu vermitteln, d.h. sie langfristig in das Image dieser Gebiete zu integrieren. Dies scheint für einige Destinationen gut gelungen zu sein (z.B. Englischkurse auf Malta).

d) Das Konzept des „alternativen" oder „sanften Tourismus" (s. dazu z.B. Hoplitschek 1991, Ludwig u.a. 1992, Spreitzhofer 1995) beinhaltet eine Reihe von ökologischen, energiepolitischen und kulturellen Verhaltensansprüchen an die Touristen, so z.B.:
– Verzicht auf Fernreisen, insbesondere auf die Benutzung von Flugzeugen,

- weitmöglichster Verzicht auf den PKW zum und am Zielort,
- Bevorzugung kleiner Pensionen einheimischer Vermieter,
- Verzicht auf Komfort bzw. Akzeptanz eines bescheideneren Standards am Zielort,
- Praktizierung, Anregung und Unterstützung von Müll- und Energiesparmaßnahmen am Urlaubsort,
- Besuch von Naturschutzgebieten nur mit sachkundiger Führung,
- Konformität mit den Werten und Normen der Einheimischen.

Insgesamt geht es darum, möglichst wenig von dem, was man vorfindet, zu verändern. Dieser Grundsatz bedeutet – zumindest auf dem Papier – eine radikale Abkehr von den „spätkolonialen" Überformungsstrategien der Tourismusindustrie. Befürworter des sanften Tourismus appellieren dabei nicht nur an die Touristen selbst, sondern auch an Veranstalter und Gesetzgeber: Sie sollen den Bau großer Hotels verhindern und Sportplätze und Freizeitparks verbieten, um die Landschaft und den traditionellen architektonischen Charakter der Feriengebiete zu bewahren. Hier stellt sich aber die Frage, inwieweit solche Forderungen für die Länder der „Dritten Welt" realisierbar sind, die von Europa, Nordamerika oder Japan ohne Flugzeug nicht (in angemessener Zeit) erreicht werden können. Oft gibt es nicht einmal die auch für sanften Tourismus notwendige Infrastruktur, und ohne ausländisches Kapital, für dessen Gewährung es wiederum gewisser Voraussetzungen bedarf, läßt sie sich auch nicht herstellen. Ist der exotische bzw. elitäre Reiz erst einmal verflogen (und dies kann innerhalb kurzer Zeit geschehen), werden sich nur wenige Touristen bereitfinden, für längere Zeit auf den gewohnten zivilisatorischen Standard zu verzichten. Damit stellt sich die Frage, wie man die Urlauber (von denen es ohnehin vielen auch darum geht, beim sanften Reisen den Geldbeutel zu schonen) *ohne* entsprechende Angebote dazu bewegen kann, Geld im Land zu lassen.

Inzwischen hat sich ohnehin eine gewisse Ernüchterung breitgemacht, ist doch in manchen Gegenden (z.B. in Südostasien) der Alternativtourismus selbst zu einem massentouristischen Phänomen geworden, das dem Pauschaltourismus den Weg geebnet hat. Damit ist er weniger eine

Alternative zum herkömmlichen (Luxus-) Ferntourismus als eine Subkategorie mit parallelen Erscheinugnsformen auf Niedrigpreisebene, so dass die gängige elitäre Selbsteinschätzung nicht haltbar erscheint. Auch Alternativtouristen sind Touristen, die Gesellschaften in der Dritten Welt allein durch ihre Anwesenheit teilweise nachhaltiger prägen können als organisierte, punktuell beschränkte Pauschaltouristen. Diese Art des Reisens ist nur für die Touristen alternativ, nicht für die Einheimischen (Spreitzhofer 1995).

Das für den „alternativen" oder „sanften" Tourismus (28) konstitutive Konzept der Orientierung an den Vorstellungen und Normen der ortsansässigen Bevölkerung kann auch leicht in Widerspruch zu den Wünschen und Bedürfnissen vieler (meist junger privilegierter) Reisenden nach Freiheit und außergewöhnlichen Erfahrungen geraten: demonstrativer Müßiggang, zwanglose Umgangsformen, Alkohol- und Drogengenuß, schlampige bzw. nachlässige Kleidung und zahlreiche andere aus Unkenntnis und Unsensibilität begangene Verstöße gegen Regeln der Etikette stellen eine Herausforderung für viele der oft in traditionellen Gemeinschaften mit starker sozialer Kontrolle lebenden Bereisten dar (dazu z.B. Cohen 1993). Überspitzt ausgedrückt, könnte nur ein sprachkundiger und gut ausgebildeter ethnologischer Feldforscher die damit verbundenen Ansprüche erfüllen; für die anderen bleibt es bestenfalls beim guten Willen.

Überdies können – soweit nicht konkrete Interessen (z.B. wissenschaftlicher oder missionarischer Art) dahinterstecken – sowohl Ernsthaftigkeit als auch die Realisierungschance des häufig geäußerten Wunsches, durch sanftes Reisen mit Angehörigen fremder Lebenswelten in Kontakt zu kommen, sich auszutauschen, voneinander zu lernen etc. bezweifelt werden. Was soll der Drei-Wochen-Tourist mit Menschen anfangen, deren Muttersprache er gar nicht oder kaum versteht, und von deren sozialem und kulturellen Hintergrund er nicht viel mehr als einige Klischees kennt, denen er oft trotz aller gegenteiliger Beteuerungen unsicher, mit schlechtem Gewissen oder mit Herablassung begegnet und deren Interessen mit den seinen nur wenig zu tun haben? Die entscheidende Schwierigkeit für das Gelingen einer Verständigung dürfte aber das Fehlen einer gleichgewichtigen Austauschbeziehung und damit eines substantiellen Interesses zumindest der Touristen sein.

Mittlerweile hat man erkannt, „... dass es einen sanften Tourismus nicht gibt und jede Form des Tourismus ihre Sättigungsgrenze hat." (Scherer, 1995, S. 119) Massenhaft „sanftes" Reisen (vor allem von Rucksacktouristen, deren Ehrgeiz darin besteht, sich möglichst billig durchzuschlagen) hat im allgemeinen einen geringen ökonomischen Nutzen für die Zielgebiete und richtet häufig *mehr* ökologischen und sozio-kulturellen Schaden an als der konzentrierte, kanalisierte und besser kontrollierbare konventionelle „Massentourismus".

e) Separierung: Eine radikale Variante des Bemühens um Separierung zwischen der Welt der Einheimischen und der der Touristen besteht darin, den Urlaubern – wie z.B. auf den Malediven – bestimmte Gebiete (bzw. Inseln) zuzuweisen und sie unter Strafandrohung daran zu hindern, andere als die erlaubten Bereiche aufzusuchen. Eine ähnliche Situation liegt vor, wenn – wie z.B. im früheren Ostblock – ungeplante Kontakte zwischen einheimischen und Touristen sanktioniert werden. Es bleibt abzuwarten, inwieweit eine Übertragung auch auf andere Staaten gelingt, die sich vor demselben Dilemma sehen. Eine Art der erzwungenen Absonderung ist, in den touristischen Zonen (– Beispiele wären Kenia und Kuba –) die Einheimischen notfalls mit Polizeigewalt oder privaten Sicherheitsdiensten daran zu hindern, die Strände und die Umgebung der Hotelanlagen aufzusuchen, zum einen, um mögliche Belästigungen der Gäste (etwa durch Bettler, Prostituierte, aufdringliche Händler oder durch die Konfrontation mit Not und Elend) zu verhindern (Pfaffenbach 1996, S. 11), zum anderen aber auch, um befürchtete „demoralisierende" Einflüsse der Fremden auf die Einheimischen einzudämmen.

Solche Überlegungen mögen auch eine Rolle spielen, wenn die touristische Entwicklung auf relativ isolierte Gebiete konzentriert wird bzw. wenn als problematisch angesehene touristische Verhaltensweisen in solchen Gebieten – und nur dort – toleriert werden (29). Die Einrichtung geplanter Ferienwelten, v.a. den Ferienclubs ist der bislang konsequenteste Versuch, die hedonistisch-touristische Freizeitkultur als Subkultur der „westlichen" Zivilisation in andere kulturelle Zusammenhänge zu exportieren, mit der Intention, jegliche Berührung oder gar Integration zu vermeiden (vgl. dazu auch Kap. 6). Dabei kann es sich sowohl um Gebiete mit relativ durchlässigen Grenzen handeln (z.b. Ferienzentren am Mittelmeer) oder um durch Zäune und Wächter abgeschirmte Enklaven der Reichen, etwa in der Karibik. Sowohl diejenigen in den mehr oder weniger abgeschlossenen Urlauberenklaven als auch diejenigen außerhalb werden auf diese Weise voreinander geschützt (wobei letztere diesen „Schutz" nicht unbedingt wünschen), und es finden lediglich reduzierte und relativ kontrollierte Kontakte auf der Ebene der Ferien- und Dienstleistungskultur (Müller & Thiem 1993, S. 280) statt (30).

Oft sind aber ausdrückliche Regelungen entbehrlich, da viele Urlauber *gar kein Verlangen* haben, ihr behagliches Feriendomizil zugunsten der ihnen oft beängstigend-bedrohlich oder armselig erscheinenden Welt der Einheimischen zu verlassen (z.B. Pfaffenbach 1996, S. 7). Allenfalls finden organisierte Exkursionen statt – Ausflüge, bei welchen dafür gesorgt ist, dass man – gut geschützt – möglichst viel von der „richtigen" Exotik mitbekommt und man unter sich, d.h. in der primär interessierenden Mitglieds- und Bezugsgruppe der anderen Touristen bleibt (SZ, 14/15.8.2001). Obgleich von manchen Kritikern und Moralisten verfemt, findet das „Urlauberghetto" auch unter anerkannten Tourismusforschern Zustimmung; wer nicht ausschwärmt in die Wirklichkeit seines Gastlandes, kann dort auch nicht viel anrichten. So plädierte z.B. auch Andre Heller (1992) in einer gewissen Konsequenz für die Einrichtung künstlicher und abgeschotteter Touristengebiete, in denen sich die „modernen Barbaren" vergnügen, sonnenbaden und Kultur allenfalls in leicht verdaulichen Happen genießen. Reisende mit darüberhinausgehenden Ansprüchen hätten dann erst ein Reisepatent zu erwerben, ehe sie sich als „touristische Privatgelehrte" in die Welt hinausbegeben dürften. Solche Vorstellungen sind jedoch nicht Allgemeingut: „Obwohl Ferienghettos die schädlichen Wirkungen des Massentourismus in

Grenzen halten, gelten die, die sie nutzen, als Touristen zweiter Klasse. Ein Reisender erster Klasse befindet sich im Urlaub stets auf der Suche nach Echtheit, auch wenn die sich im Pseudo-Landleben des deutschen Intellektuellen in der Toskana erschöpft." (Scherer 1995, S. 98)

Günstige Bedingungen für die Entstehung von Touristenenklaven sind hohe Besucherzahlen und vor allem eine relativ große kulturelle Distanz zwischen Bereisten und Reisenden. Letztere erwarten und verlangen den gewohnten Komfort und zeigen wenig Bereitschaft zur Einstellung auf andersartige sozio-kulturelle Gegebenheiten (dazu Schimany 1997, S. 180). Im Bereich der touristischen Einrichtungen werden den Gästen die gewohnten Konsum- und Verhaltensstandards zugebilligt (Moser-Weithmann 1996, S. 33). Dies gilt vor allem für die geplanten Ferienwelten der *Clubs*, in welchen die zweifache Abgrenzung sowohl von der sozialen Lebenswelt des Zielgebietes als auch von anderen Urlaubern besonders deutlich zutage tritt Dazu dient nicht nur der vergleichsweise hohe Preis, sondern die permanente Demonstration der eigenen Club-Identität (Club-Philosphie, Club-Accessoires, Lieder, Club-typische Wettbewerbe, Rituale usw.), um so den Gästen das Gefühl zu vermitteln, sich unter ihresgleichen (d.h. in der erstrebten statushohen Bezugsgruppe) und also in Sicherheit zu befinden. Die vielfältigen sportlichen, kreativen und kulturellen Aktivitäten dienen auch dem Zweck, sich von den weniger würdigen „Touries" abzugrenzen, indem man sich gegenseitig versichert, „dazuzugehören". Ein streng von seiner Umwelt abgegrenzter Club erlaubt zudem selbst in traditionell puritanischen Gesellschaften (wie Tunesien oder Marokko) ein bemerkenswertes Maß an Freizügigkeit (31).

Die Einrichtung von Urlauberenklaven kann viele Probleme, insbesondere im Ferntourismus lösen, so z.B. tourismusinduzierte Umweltbelastungen, die sich so (zumindest prinzipiell) leichter handhaben lassen: „Es ist ökologisch wesentlich vernünftiger, der Masse der Touristen in ökologisch geplanten und wirtschaftenden großen Ressorts das bessere Leben zu bieten. Die Traumfabrik kann ruhig mit größeren „Produktionseinheiten" arbeiten" (Romeiß-Stracke 1998, S. 50; Bruhns 1997, S.

80). Ebenso wesentlich dürfte aber sein, dass durch diese Art der Grenzziehung sowohl Belästigungen der Reisenden (die sie am Wiederkommen hindern könnten) beschränkt werden, als auch befürchtete destabilisierende Einflüsse der Fremden auf die Kultur des Urlaubszieles. Die Reduzierung auf das Urlauberrefugium hilft ziemlich effizient, kritische Situationen zu vermeiden und Anpassungsanforderungen an die Urlauber zu minimieren. Den Preis dafür haben in erster Linie einheimische Handwerker, Händler, Gastronomen und Dienstleister zu bezahlen, die die Grenzen zu ihren bisherigen Kunden und Märkten kaum mehr überwinden können bzw. deren Kunden durch Daueranimation und bequeme „all-inclusive"-Angebote weniger motiviert sind, sich aus eigenen Antrieb auf das Wagnis einer Grenzüberschreitung einzulassen.

4.
Hin zu oder weg von?
Manifeste und latente Urlauberbedürfnisse

„Der Sinn des Reisens ist ..., das Glück zu finden."
(Felizitas Romeiß-Stracke 1998, S. 51)

Eine Reise anzutreten ist keineswegs „natürlich", d.h. es kann weder von einem plausiblen Grund für das Reisen (Wähning 2000, S. 14) noch von einem entsprechenden menschlichen Grundbedürfnis gesprochen werden (Freyer 1991, S. 65). Hinter den sich durch die gesamte Kulturgeschichte nachweisbaren (mehr oder weniger) freiwilligen Ortsveränderungen einzelner Personen oder Gruppen stand dabei stets ein bestimmter Zweck (z.B. Geschäftsreise, Pilgerreise, Bildungsreise), d.h., die Reisen wurden innerhalb eines gegebenen kulturellen Kontexts in einer bestimmten Weise interpretiert (dazu z.B. Ohler 1991, Hennig 1999, Marinescu 2000). Reine Neugier hat dabei sicher keine geringe Rolle gespielt, doch ohne die Verbindung mit „handfesteren" materiellen Interessen und/oder kulturelle Anreize wären wohl die meisten dieser Wagnisse unterblieben (32).

Wenn sich die Reisenden und die mit ihren Unternehmungen verbundenen Erwartungen, Wünsche und Motive im Laufe der Zeit auch stark gewandelt haben (und weiter wandeln werden), bedeutet das nicht notwendigerweise eine Ablösung einzelner Muster. Wie in anderen Phänomenen kulturellen und sozialen Lebens gehen auch im Tourismus „... ältere Denk- und Verhaltensweisen nicht einfach unter, sondern bleiben wie in einem Zwiebelschalenmodell neben neu angelagerten Themen weiter aktiv" (Keul & Kühberger 1996, S. 13). Sämtliche Aussagen über Reise- bzw. Urlaubsmotive und ihre Veränderungen sind deshalb unter der Prämisse zu sehen, *dass neue Trends überkommene Motive überlagern, relativ zurückdrängen oder weniger sozial akzeptabel erscheinen lassen, aber selten ganz zum Verschwinden bringen,* so dass man in diesem Bereich von einer zunehmenden Pluralisierung von Urlaubsformen und Reiseverhalten ausgehen muß, was auch für die mitunter recht widersprüchlichen Umfrageergebnisse mitverantwortlich ist (s. Kap. 5).

Die regelmäßig durchgeführten *Reiseanalysen,* wenn man sie denn für valide hält, unterstreichen den hohen und stabilen Stellenwert von Motiven wie Entspannung (59%), Muße (54%), Regeneration (53%) Abstand vom Alltag. „Neue Eindrücke" spielen dagegen mit 33% eine etwas bescheidenere Rolle. Noch seltener genannt wurden „Kontakte zu Einheimischen" (17%), „etwas für Kultur und Bildung tun" (14%), sportliche und spielerische Aktivitäten (9%), Sport (8%) oder Entdeckung, Risiko, Außergewöhnliches (9%). „Interessant ist, dass gerade solche Motivbereiche, die in der öffentlichen Diskussion als besonders zeitgemäß gelten, nur wenig genannt werden, z.B. der Hang zum Abenteuer" (Lohmann 1999, S. 9; Forschungsgemeinschaft 1999) (33).

4.1. Reisemotive

Die für die Definition des Reisens belangvolle Tatsache einer Ortsveränderung ist ein notwendiges, aber kein hinreichendes Kriterium und gibt wenig für eine soziologische und sozialpsychologische Erfassung des modernen Tourismus her. Um Reisen als soziales, d.h. versteh- und interpretierbares Handeln und Tourismus als Kollektiverscheinung zu begreifen, stellt sich die Frage nach den gesellschaftlichen und individuellen Bedingungen, Motiven und Begründungen. Erst so wird der Tourismus sozialwissenschaftlich relevant – als ein modernes gesellschaftliches Phänomen, das dadurch charakterisiert ist, dass eine Vielzahl von Menschen in mehr oder weniger organisierter Weise einen freiwilligen, zeitlich befristeten und nicht erwerbsmäßig oder sonst existenziell bedingten räumlichen Wechsel vornimmt, um auf diese Weise verschiedene gesellschaftlich und kulturell bestimmte manifeste und latente Bedürfnisse zu befriedigen, wobei diese Bedürfnisse einem dauernden Wandel unterliegen.

Der moderne Tourismus – so die hier vertretene Ansicht – verdankt seinen Aufschwung nur zum Teil den geäußerten bzw. traditionellen und sozial akzeptablen Gründen. Mindestens ebenso wichtig dürfte sein Beitrag zur Erfüllung anderer, oft weniger gern genannter und vielfach auch diffuser bzw. nicht bewußter Wünsche sein. Dass trotz verschlechterter gesamtwirtschaftlicher Situation am Urlaub zuletzt gespart wird (dazu z.B. Falksohn 1997, S. 25; Meyer-Larsen 1997, S. 33 ff.), hängt damit zusammen, dass eine Reise eine Vielzahl von manifesten *und latenten* Bedürfnissen erfüllt – vermutlich mehr als viele anderen Konsumgüter und Dienstleistungen, so dass eine Sättigung nicht so leicht eintritt. Neben der zeitlichen Befristung mag gerade die diffuse und *multiple Bedürfnisbefriedigung* der Grund dafür sein, dass Urlaubsreisen so unverzichtbar erscheinen.

Bei der Untersuchung der dem Verreisen bzw. einer Reiseentscheidung zugrundeliegenden Motiven (34) ist zum einen zwischen intrinsischen und extrinsischen und zum anderen zwischen manifesten und latenten Aspekten zu unterscheiden (vgl. Karos 1992). *Intrinsische* Motive liegen in der Person des Reisenden bzw. der Sache (dem Ziel) selbst, z.B. wenn jemand verreist, um dort aus persönlichem Interesse Relikte einer untergegangenen Kultur zu besichtigen. Unternimmt er diese Reise aber, um guten Aufnahmen für ein Buch darüber zu machen, handelt es sich um eine aus *extrinsischem* Interesse motivierte Reise. Da für eine Zielentscheidung normalerweise ein ganzes Bündel von Motiven berücksichtigt werden muß, kommt es für die Klassifizierung einer Reise auf das Überwiegen der einen oder anderen Kategorie an. Die Klassifizierung einer Reise als „intrinsisch" oder „extrinsisch" ist in der Regel nicht so eindeutig, doch ist die skizzierte Unterscheidung insofern von Belang, als sich daraus z.B. die Folgerung ergibt, überwiegend aus extrinsischen Motiven unternommene Reisen nicht mittels „intrinsischer" Kriterien zu beurteilen – und umgekehrt.

Die Motive von Touristen sind komplex und daher schwierig zu bestimmen (Pasariello 1993, S. 117). Während aber die intrinsischen und extrinsischen Aspekte noch relativ unproblematisch erfasst werden können, bedarf es bei der Analyse der *latenten* Komponenten eines größeren Aufwands; standardisierte Befragungen allein dürften dazu kaum ausreichen (Kiefl 1994). Antworttendenzen in Richtung sozialer Erwünschtheit machen es aber auch bei den manifesten Motiven notwendig, zwischen bewußten und normalerweise bereitwillig zugegebenen („sich erholen, abschalten, neue Eindrücke gewinnen, den Horizont erweitern") und bewußten und eher verheimlichten Gründen („einmal über die Stränge schlagen, Bekannte beeindrucken usw.") zu differenzieren. Da die Grenzen zwischen den genannten Kategorien fließend sind, kann es sich auch hier nur um eine idealtypische Differenzierung handeln. Für die Forschung steckt darin die Aufforderung, latente Motive bewußt zu machen, d.h. einem Urlauber zur entsprechenden Bedürfnistransparenz zu verhelfen und ihn zu ermutigen, auch sozial weniger erwünschte Motive zu äußern, wozu sich Gruppendiskussionen alssehr hilfreich erwiesen haben (35).

4.2. *Methodische Probleme*

Eine Schwierigkeit besteht darin, mittels der häufig praktizierten Umfrageforschung weiter in die Tiefenstruktur von Wünschen und Motiven einzudringen. Dabei ist aber zu berücksichtigen, dass „... durch Befragungen aufgedeckte Motive Resultate nachträglichen Nachdenkens über den eigenen Verhaltensprozeß (sind), aber häufig kein auslösender Grund für diesen Prozeß. Die Gefahr von Rationalisierungen, Rechtfertigungen (justifications), ist ebenso gegeben wie die nachträgliche Konstruktion sozial erwünschter Meinungen. Meist fehlt die Überprüfung der Konsistenz von Einstellung und Verhalten." (Keul & Kühberger 1996, S. 28)

Trotz eines sich seit mindestens drei Jahrzehnten bemerkbar machenden Unbehagens am Vorherrschen einer quantitativen bzw. quantifizierenden Forschung und der daraus resultierenden Bevorzugung standardisierter Interviews – was sich in einer gewissen Aufwertung sog. *qualitativer und nicht-reaktiver* Methoden bzw. der Popagierung *multimethodischer* Ansätze (vgl. z.B. Webb u.a. 1975, Lamnek 1989, Girtler 1994, 1995; Flick u.a. 1995) ausgedrückt hat, wird in der Tourismusforschung das prinzipiell vorhandene Repertoire der qualitativen Methoden und Techniken insbesondere in der außeruniversitären Forschung nur sehr zurückhaltend ausgeschöpft. Entsprechend selten finden sich auch mehrere Vorgehensweisen (Methodenmix) in einer Studie. Qualitative Interviews, Leitfadeninterviews, Gruppendiskussionen und andere Verfahren, die die Perspektive der Urlauber selbst stärker in den Mittelpunkt rücken (Gottlieb 1993, S. 77), sind immer noch ausgesprochen rar (36). Auch von (standardisierten und unstandardisierten) Formen der *Beobachtung* wird – ungeachtet der Pionierarbeit des ehemaligen Starnberger „Studienkreis für Tourismus" (s. dazu Hahn 1998) – nur wenig Gebrauch gemacht.

4.3. *Kritische Anmerkungen zu häufig genannten Motiven*

Die geäußerten Gründe (wie sie in der Regel auch in den Antwortvorgaben bei standardisierten Umfragen auftauchen; vgl. z.B. Karos 1992, S. 30 ff.) decken nur einen Teil der Urlaubermotive ab. Beschränkt man sich allein darauf, so tauchen mitunter recht dissonante Ergebnisse auf – besonders wenn man geäußerte Wünsche und darauf bezogene Verhaltensweisen zueinander in Beziehung setzt. So sind manche Urlauber – angeblich – der heimischen Zivilisation und Perfektion überdrüssig, um sich dann über kleine Pannen und Unbequemlichkeiten zu beklagen und andere suchen nach „sauberen, unberührten Plätzchen" – ohne an ihrem gewohnten anspruchsvollen Lebensstil zu Hause oder in der Fremde etwas zu ändern.

Wenden wir uns einigen dieser Gründe im Detail zu: Mit an erster Stelle wird von den dazu Befragten (auf einer aus den 60er Jahren stammenden Liste) das Item *„sich erholen und ausspannen"* angekreuzt.

Warum sollte dieses „Erholen" aber vornehmlich im Verlauf einer mehr oder weniger aufwendigen und strapaziösen Urlaubsreise erfolgen? Erholen kann man sich auch – soweit vorhanden – im eigenen Garten, in Bädern und Parks, in heimischen Landgaststätten, auf Bauernhöfen im näheren Umkreis oder in einem Kloster. Die sogenannten künstlichen Ferienwelten (s. Kap. 6) sind eine weitere vielgenutzte Möglichkeit, sich ohne Kulturschock zu erholen. Das Erholungsmotiv allein allem kann eigentlich den Aufwand einer Fernreise nicht rechtfertigen.

Dies gilt auch für die (angeblich so wichtige) *„sportliche Betätigung"*, die ja in der Regel auch am Heimatort bzw. in der näheren Umgebung möglich ist, wobei dort sogar häufig – abgesehen von ausgefalleneren Wassersportarten – ein größeres Gesamtangebot als an vielen Urlaubsorten und bessere Infrastruktur besteht. Beobachtungen an Stränden zeigen, dass der weitaus größte Teil der dort verbrachten Zeit für die meisten Urlauber eben nicht im „Sporteln", sondern im (gemeinsamen und einsamen) Sonnenbad besteht, das nur zum Spazierengehen und zum Besuch von Strandbars und Restaurants, weniger zum Schwimmen, Tauchen und Schnorcheln unterbrochen wird (s. z.B. Fesenmeyer 1974, Kiefl 2000). *Im Bewußtsein der Touristen spielt der Sport jedenfalls eine größere Rolle als im tatsächlichen Verhalten.* Viele Urlauber verlangen Tennisplätze und Surfmöglichkeiten am Hotel – und liegen doch meist am Pool, woraus der Freizeitforscher Opaschowski den Schluß zieht, dass der Aktiv-Urlaub zwar das Leitbild einer traditionellen Leistungsgesellschaft, aber kein Abbild der heutigen Urlaubergeneration sei (AZ, 18.2.1989).

Eine häufige und spontane Reaktion auf die Frage nach den Reisemotiven lautet: *„etwas erleben"* oder *„Abwechslung"*. Solange dieses „etwas" nicht näher präzisiert wird, bleibt der Aussagewert einer solchen Antwort zwar gering, doch wird immerhin die Wichtigkeit des Erlebnisaspekts deutlich. Dabei stellt sich aber wieder die Frage nach dem instrumentellen Wert der Reise, denn schließlich sind (neue) Erlebnisse ja auch zuhause möglich. Prinzipiell gibt es bei einem empfundenen Erlebnisdefizit zwei Möglichkeiten zur Abhilfe: zum einen, die Häufigkeit und *Intensität* der Reize zu steigern, z.B. durch die Auswahl eines möglichst „exotischen" Zieles; zum anderen, die *Sensibilität* für Reize zu erhöhen, so dass bei gleichbleibender Ereignishäufigkeit mehr und intensiver auf- und wahrgenommen wird. Materielle und psychische Kosten sind dabei jeweils unterschiedlich: Erlebnisse in einer neuen Umgebung erfordern zwar mehr Mittelaufwand, aber weniger innere Anstrengung, da in der Fremde Erwartungshaltung und Aufnahmefähigkeit meist größer und möglicherweise eintretenden Ereignisse ungewisser und damit interpretationsbedürftiger und -fähiger sind. Hinzu kommt die kulturelle Verstärkung, ist es doch in der sogenannten westlichen Zivilisation weithin anerkannt, dort hoch bewerteten Qualitäten und Bedürfnisse wie „Neugierde" oder „Aufgeschlossenheit" bzw. „Erlebnishunger" mittels freiwilliger und intrinsisch motivierter räumlicher Mobilität auszudrücken.

Bei der von den meisten Reisenden so sehr geschätzte *„Ursprünglichkeit"* oder „Exotik" handelt es sich um ein im Bewußtsein der Reisenden konstruiertes Bild, um eine *imaginäre Geographie* (Hennig 1999, S. 55), erzeugt und angereichert mit Vorwissen, Vorurteilen und genährt von unerfüllbaren Bedürfnissen, so dass sich die Frage stellt: „Wann und in welchem Zustand ist ein Land ursprünglich echt, auf dem Höhepunkt seiner Identität? Das ist die umstrittendste Frage jeglichen Reisens und der Ursprung aller Tourismuskritik. Als sei es ein Gourmet-Menü, das nach dem Diktat der Mode mal durchgeschmort, mal nur auf den Punkt gegart serviert werden muß, legten von den Zeiten der Entdecker an die durchreisenden Begutachter aus Europa fest, ob ein Land noch zu roh, gerade richtig oder schon auf dem Weg seiner soziokulturellen Degeneration sei (...). Kaum ein Reisender, und noch seltener ein Reisekritiker aus den Industrienationen, nimmt China oder Indien, Malaysia oder Thailand so, wie sie sind, sondern urteilt aufgrund seiner Phantasien von einer imaginären Tropenwelt (...). Und was die Jäger nach dem vermeintlich Echten im Falle von Bangkog als „Zivilisationskatastrophe" ausmachen, Extreme und Widersprüche, Verkehrschaos und Veränderung, ist ihnen in London oder New York willkommen als Weltstadtflair" (Scherer 1995, S. 75 f.).

Bildungsmotive wie *„den eigenen Horizont erweitern", „fremde Kulturen kennenlernen", „andere Mentalitäten verstehen lernen"* usw. werden zwar wegen ihrer anerkannten sozialen Akzeptanz genannt, nehmen aber selbst bei Befragungen, wo sich die „soziale Erwünschtheit" verzerrend auswirkt, keine herausragende Stellung ein: „Ein spezifisches Interesse an Land und Leuten bestand bei der Buchung (für Tunesien) nur in geringem Umfang; nur jeder zehnte Befragte gab dieses Reisemotiv an" (Pfaffenbach 1996, S. 7). Andernfalls wäre es wohl kaum zu erklären, warum Urlauber oft über ziemlich dürftige Vorkenntnisse über ihre Zielgebiete verfügen und vorhandene Informationsquellen wenig nutzen. Auch die Veranstalter scheinen den Wissensdrang ihrer Kunden nicht allzu hoch einzuschätzen (37). Wer sich ernsthaft über fremde Lebensräume informieren möchte, ist im Zeitalter der Informations- und multi-kulturellen Gesellschaften dazu ohnehin nicht auf eine Fernreise angewiesen. Eine Vielzahl ausgezeichneter Bücher, umfassender Bibliotheken, Fernsehsendungen, Videos, Zeitschriften, neue Medien etc. informieren umfassend und ausführlich und ihre gezielte Nutzung vermittelt jedenfalls weitaus mehr und solideres Wissen, als der durchschnittliche Kurzzeit-Besichtigungstourist erwerben und behalten kann. Dabei stellt sich ohnehin die Frage, wie er sich innerhalb von zwei bis drei Wochen eine neue Kultur erschließen kann, wenn dazu selbst sprachkundige Ethnologen Jahre brauchen? Da erworbenes Wissen – auch bei einer intensiveren Begegnung – im normalen Alltag kaum angewandt werden kann (was hilft es z.B., wenn man gelernt hat, wie ein Erdofen betrieben wird, wie man Taro-Knollen verarbeitet oder wie man eine Gottheit um Regen bittet?) werden Nicht-Fachleute wohl selten etwas davon behalten; einzig die bereits mitgebrachten Vorurteile und Klischees werden sich als beständig erweisen, denn schließlich steuern die Erwartungen die Wahrnehmungen (de Sola Pool 1993, S. 19). Erinnern wird man sich auch vornehmlich an das, was mit *persönlichen Erlebnissen* verbunden ist – und nicht unbedingt an das kulturell relevante, und solche Erlebnisse sind zwar aus verschiedenen Gründen im Urlaub wahrscheinlicher (erhöhte Aufnahmebereitschaft, mehr Lockerheit, weniger soziale Kontrolle etc.), haben aber nicht notwendigerweise mit einem (mehr oder weniger) exotischen Ziel zu tun. Geschickte Veranstalter sorgen für solche Erlebnisse, indem sie z.B. auch die bei Exkursionen auftretenden gruppendynamischen Prozesse berücksichtigen und benutzen oder gar (z.B. durch Animation) „erzwungene" Kontakte und Gruppenerlebnisse ins Zentrum rücken (s. u.).

Die Möglichkeit zu „*Kontakten mit Einheimischen*" werden gerne und oft als Reisemotive angegeben, doch kann auch diese Antwort in den meisten Fällen als Ausdruck sozialer Erwünschtheit und allenfalls als unverbindliche Absichtserklärung und nicht als ernsthafte Zielvorgabe klassifiziert werden. Abgesehen davon, dass man auch zur Erfüllung dieses Wunsches nicht verreisen muß, sondern sich z.B. ehrenamtlich in der Ausländer- und Asylbewerberbetreuung engagieren könnte, beurteilen auch viele Tourismus-Kritiker den Wert solcher Kontakte ambivalent: einerseits wird der Wunsch nach Kontakten als positv angesehen, andererseits ist es aber auch offensichtlich, dass solche Kontakte beschränkt sind (meist auf Sport, Spiel und Speisesaal bzw. auf eine englischsprachige Bevölkerungsminderheit) bzw. leicht infolge geringer Dauer und Intensität, mangelhafter Sprachkenntnisse und/oder kulturell bedingter Mißverständnisse zu Irritationen und Enttäuschungen führen:

„Zuerst war er (der Kellner im Hotel in Tunesien) sehr nett und er wollte mir unbedingt die Altstadt zeigen. Ich war gerne bereit, denn ich wollte ja auch die Leute hier kennenlernen, mit ihnen reden, und er sprach ganz gut Französisch. Wir haben so einen ganzen Tag verbracht. Aber dann sollte ich ihn bei sich besuchen. Ich wollte nicht. Da wurde er sauer, und den Rest der Zeit war er nur noch unfreundlich." (Sekräterin, 35)

Ein anspruchsvollerer, längerfristiger und tiefergehender Austausch mit Einheimischen in den Zielgebieten dürfte jedenfalls die Ausnahme sein – auch deshalb, weil das meist geringe Wissen der Reisenden von den Einheimischen oft auf Gegenseitigkeit beruht. Zwar kennen inzwischen viele Menschen in den touristischen Zielgebieten aufgrund direkter oder indirekter (über Verwandte und Freunde vermittelter) Anschauung oder wenigstens aus den Medien Einzelaspekte der Lebensverhältnisse der Touristen, die sie in ihrem Land (d.h. im Zielgebiet) aber nur als Freizeitpersönlichkeiten wahrnehmen. Aufgrund der beschränkten Verständigungsmöglichkeiten sind die Chancen gering, dissonante Elemente zu verstehen, so dass sich leicht realitätsferne Vorstellungen, Vorurteile und Feindbilder entwickeln (Sester 1992, S. 14). Illusionär erscheint jedenfalls der hohe (und mitunter überhebliche) Anspruch mancher (vor allem „sanfter") Touristen, mit ihrer Reise ein persönliches Scherflein zur Völkerverständigung zu leisten – vor allem dann, wenn immer wieder neue Ziele aufgesucht werden (müssen). Eine größere Chance mag sich dann ergeben, wenn ein bestimmtes eng umgrenztes Gebiet quasi als Zweitwohnsitz gewählt wird:

„Ich mag sie nicht, die Globetrotter, die bloß möglichst viel sehen und billig durchkommen wollen und die dann immer davon reden, wie man den armen Einheimischen helfen kann. Die kennen sie doch kaum, weil sie dauernd unterwegs sind. Und dann feilschen sie sogar um das Ticket für den Bus. Da schäme ich mich als Europäer. Die Einheimischen wissen ja auch, was die zuhause haben. Für die sind wir alle reich. Ich habe öfters welche getroffen, denen es bloß darum ging, möglichst lange mit hundert Mark auszukommen. Wenn ich in Thailand in meiner Ferienanlage bin, lassen wir es richtig krachen. Dann machen wir gute Zechen, und alle haben was davon, die Wirte, die Fischer, die Kellner, die Bootsverleiher. Die freuen sich wirklich, wenn die ganze Clique wieder da ist. Da kriegt man auch viel mehr mit, von den Leuten, was die so bewegt" (Sportlehrer, 48).

Wem es wirklich ernst mit der Völkerverständigung ist, könnte durchaus nützliche Beiträge leisten, doch erfordert dies mehr als ein bißchen Idealismus und schlechtes Gewissen. So könnte man sich bereits lange vor Reiseantritt um Sprachkenntnisse bemühen, am Ferienort mit Geld und Arbeitseinsatz beim wirtschaftlichen Aufbau helfen, Solidarisierungsprozesse zwischen Einheimischen in Gang setzen, ökologisches Bewußtsein wecken und – nach Hause zurückgekehrt – um Verständnis für die Probleme der Entwicklungsländer zu werben, doch müssen dazu „Betroffenheit" und guter Wille, mit viel Zeit, Mühe, Geld und Engagement ergänzt werden. Der „gewöhnliche Tourismus" dürfte sich dazu aber kaum eignen (Scherer 1995, S. 99).

4.4. Sozial weniger erwünschte und verdrängte Motive

Manche, einem Touristen durchaus bewußte Motive werden nicht ohne weiteres zugegeben. Da es aber – abhängig vom Mut und der Selbstsicherheit des Befragten, seiner Beziehung zum Fragenden und der Art der Befragung – auch möglich ist, weniger akzeptable Gründe herauszubekommen, kann man von einer fließenden Grenze zu den freimütig geäußerten erwünschten Motiven ausgehen. Dies konnte auch in einer explorativen Studie zu den Motiven und Erwartungen von Urlaubern gezeigt werden. Aufgrund der geringen Anzahl der Befragten (n=8) und ihrer willkürlichen Auswahl handelt es sich natürlich um keine repräsentativen Ergebnisse oder gar um „harte", beweiskräftige Fakten, doch bestand das Anliegen nur darin, zu zeigen, dass sich mittels unstrukturierter Interviews auch Aufschluß über gewichtige sozial weniger erwünschte und sogar zunächst kaum bewußte Gründe gewinnen läßt. Aufgabe einer aufwendigeren und systematischeren Untersuchung könnte es sein, mehr Klarheit über die Häufigkeit, Stärke und Verteilung solcher Motive zu erhalten. So zeigte sich z.B., dass als Grund für eine bevorstehende Reise der Wunsch nach einer zeitweiligen Befreiung vor beruflichen und anderen sozialen Verpflichtungen häufig und spontan genannt wurde, während erst im weiteren Gesprächsverlauf deutlich wurde, *dass mehr als die Hälfte der Befragten es auch genießen könnten, ganz alleine zu verreisen, um damit familialen bzw. partnerschaftlichen Ansprüchen zu entkommen.* Anfängliche Vorbehalte bestanden auch, *die Chance zur Befriedigung von Leistungsbedürfnissen* als Grund für eine Urlaubsreise anzugeben. Dennoch spielte dieses Motiv nicht nur für Aktivurlauber und Risikosportler eine wichtige Rolle, sondern auch für Anhänger des durchorganisierten Hotel- und Cluburlaubs, die in einem breiten Sport- und Animationsprogramm die Möglichkeit sehen, an verschiedenen, mehr oder weniger ernsthaften Wettbewerben teilzunehmen und damit auch etwas für ihr Selbstwertgefühl zu tun.

Als im allgemeinen wenig akzeptablen, für die Tourismusentwicklung aber nicht zu unterschätzenden Wunsch gilt es, *Sozialprestige* auch mittels einer entsprechenden Urlaubsreise zu erwerben bzw. auf diese

Weise ungestillte Prestigebedürfnisse zu befriedigen. Fernreisen sind immer noch Statusindikatoren, d.h. sie haben einen hohen instrumentellen (extrinsischen) Wert. Da aber im Zeitalter noch vorhandener Massenkaufkraft auch eine teuere Reise allein noch nicht aufwertet, kommt zum quantitativen Aspekt der Weite und Exotik noch der qualitative Aspekt des „wie" hinzu: die Glorifizierung der Profis (Reiche, Lebenskünstler, Sanfte, Abenteurer usw.) ist zwangsläufig von der Disqualifizierung der Prolos („Neckermänner", „Touris") begleitet, woraus auch die Branche ihren Vorteil zieht.

Hemmungen mögen auch bestehen, sich und anderen einzugestehen, dass man es genießt, aufgehoben, verwöhnt und umsorgt zu werden (Thiem 1994) und verschiedene, im normalen Alltag nicht praktizierte Rituale von *Wertschätzung zu erfahren* (auch wenn sie als Inszenierungen durchschaut werden):

„Da fühle ich mich wohl, weil sie so aufmerksam und freundlich sind. Zuhause hab ich das nicht, da brauch ich es auch nicht unbedingt, aber so kann man sich Aufmerksamkeit und das Gefühl, wichtig zu sein kaufen, und solange ich da bin, brauch ich auch nicht daran zu denken, dass es gekauft und eigentlich nur Theater ist." (Rentnerin, 66)

Dabei kommt es nicht allein auf die Chance an, durch die Buchung einer höheren Hotelkategorie zeitlich befristet auch in eine höhere Sozialschicht aufzusteigen. Grundlegender dürfte die damit verbundene *Befriedigung ungestillter narzisstischer Bedürfnisse* sein: Würde man ihnen im gewohnten sozialen Umfeld nachgeben, bestünde die Gefahr, von Freunden und Bekannten entlarvt und belächelt oder verspottet zu werden, wohingegen dies in der Fremde ohne ein solches Risiko möglich ist.

Obgleich Vereinsamung, Kontaktschwierigkeiten, Sprachlosigkeit und die Zunahme von Sozialphobien inzwischen als charakteristische Phänomene moderner Gesellschaften gelten und sich viele, die darunter leiden gerade von einer Ferienreise Abhilfe versprechen, wird der Wunsch nach neuen (nicht zu engen) Kontakten und (nicht zu großer) Nähe nicht so gerne bzw. nur indirekt zugegeben, denn wer einsam ist – so das gängige Vorurteil – ist unattraktiv, langweilig und sozial inkompetent. *Befristete, dosierte und unverbindliche Annäherungen* – mit Option auf Intensivierung und Dauer – erscheinen im Zusammenhang mit einer Reise besonders leicht möglich, was auch in einschlägigen Kontaktratgebern (z.B. Müller 1995) hervorgehoben wird. Der Vorteil liegt u.a. darin, dass in einem angeblich lockerem und aufgeschlossenem Umfeld die Auswahl statusmäßig passender Bekanntschaften erleichtert, Kontakte „erzwungen" und Chancen zur vorteilhaften Selbstdarstellung ermöglicht werden. Besonders der Cluburlaub, aber auch schon die übliche Animation sowie die organisierten Ausflüge kommen dem entgegen:

„Also, ich bin kein Draufgänger und Frauen gegenüber hab ich große Hemmungen. Aber wenn am Pool der Animateur kommt und mich auffordert, mich an einem Spiel zu beteiligen, fällt es mir nicht schwer, weil da ist ja er der Aufdringliche, und ich mach ja bloß mit, und wenn sich dann ein Gespräch oder mehr ergibt, hat es sich halt aus der Situation ergeben, das war dann Zufall, und wenn nichts draus wird, steh ich auch nicht blöd da, als Abgewiesener." (Techniker, 33)

In diesem Zusammenhang ist auch der allenfalls verschämt geäußerte *Wunsch nach erotischen Abenteuern* zu erwähnen. Dies betrifft nicht nur den sogenannten Sextourismus im engeren Sinn, sondern die Suche nach sexuellen Begegnungen mit anderen Reisenden. Dahinter steht die (nicht immer unzutreffende) Vorstellung eines größeren und weniger restriktiven Marktes – zumindest an bestimmten Touristenorten. Das Wunschbild von der angeblich größeren Leichtfertigkeit der Urlauber(innen) an bestimmten Zielen mit gutem „schlechten" Ruf (z.B. Ibiza, Mallorca, Mykonos) hat vermutlich zur Beliebtheit mancher etablierten Touristenzentren um das Mittelmeer beigetragen:

„Ich fahr jedes Jahr dahin (nach Mallorca). Da ist der Bär los. Da lernst du Frauen kennen, die dann nicht so verklemmt und zickig sind. Und weil die Zeit kurz ist, kommen die auch schnell zur Sache, und das ganze Drumherum macht das auch leichter." (Kaufmann, 53)

Chancen für Selbstdarstellung, Rollenspiel und Identitätswechsel: Viele und insbesondere jüngere Urlauber streben danach, sich selbst als Akteure zu erleben, wozu sie Zuschauer benötigen, so Horst Opaschowski, der Leiter des Hamburger BAT-Instituts (AZ, 18.2.1989). Die Anonymität und das weitgehende Fehlen der üblichen Statusindikatoren läßt zudem einen breiten Spielraum für vorteilhafte Präsentationen und *Rollenspielexperimente* bis hin zur zeitweisen Übernahme anderer Identitäten. Dafür spielen die Zielgebiete nur insofern eine Rolle, als sie bestimmte positiv definierte Lebensgefühle begünstigen: „Das Ziel von rein geographischem oder kulturellen Interesse wird immer mehr in den Hintergrund treten. Die Weite der USA eignet sich eben gut für das Marlboro-Feeling auf der Harley-Davidson, und die Berge Nepals sind für die Suche von Transzendenz und innerer Ruhe wie geschaffen. Alles wird für das persönliche Lebensgefühl instrumentalisiert." (Romeiß-Stracke 1998, S. 57).

Schließlich spielt auch noch das Bedürfnis nach der Befreiung von Alltagszwängen und lästigen Konventionen eine große Rolle: Bunte, luftige Kleidung, nach Herzenslust essen und trinken, verführen und verführen lassen, alkoholisiert in fröhlicher Runde singen, sich als Witzbold präsentieren und manches andere, was man in vertrauter Umgebung nicht so leicht riskieren würde, wird durch den Ortswechsel erleichtert: Um neue persönliche Erfahrungen zu machen, sich neu zu erleben, eine Wunschrolle zu spielen oder vorübergehend eine andere Identität anzunehmen, muß man in der Fremde weniger investieren als zuhause, wo solche Wandlungs- und Ausbruchsversuche zumindest mit Irritationen im sozialen Umfeld sanktioniert werden würden:

„Ich bin eher ein introvertierter Typ, aber auch nicht so ganz. Ich möchte schon manchmal anders. Daheim kennen mich aber die meisten so. Wenn ich da dann etwas trinke und ein bißchen alberner werde, sagen sie: „Was ist denn mit dir los, das paßt doch gar nicht zu dir, Du solltest jetzt Schluß machen". Und dann hab ich das Gefühl, ich müßte mich rechtfertigen. Hier kennt mich keiner, da kann ich gleich mal blöd anfangen, und es ist normal." (Techniker, 33) – „Also, das erstemal habe ich in Spanien „oben ohne" gebadet, das war mir überhaupt nicht peinlich, weil es da am Strand ganz normal war, weil es alle gemacht haben. Also zuhause würd ich es nicht machen. Im Urlaub ist es mir egal, da macht es jede, auch meine Freundinnen, weils im Urlaub freier zugeht. Daheim kennt man viele Leute, und es ist nicht so anonym wie im Urlaub." (Beamtin, 24)

Von den bisher genannten Gründen sind – idealtypisch – noch solche zu unterscheiden, die dem Befragten normalerweise nicht bewußt sind, doch sind die Grenzen fließend. Nicht jeder verfügt über genügend Reflexionsvermögen, Selbstkritik und Aufrichtigkeit, um eigene, aber seiner Meinung nach sozial inakzeptable Motive nicht zu verdrängen oder zu rationalisieren. Dazu könnte z.B. der Wunsch gehören, durch das Aufsuchen fremder Lebenswelten sich die eigene soziale, ökonomische oder kulturelle *Überlegenheit bestätigen zu lassen,* sich von der Masse der anderen Touristen abzuheben, den Gefühlen von Öde und Eintönigkeit zu entfliehen oder *im normalen Alltag verdrängte Persönlichkeitskomponenten auszuleben.* In den Gesprächen ergaben sich zwar Hinweise darauf, doch ist eine Interpretation nicht immer so leicht, wie im nachfolgenden Fall, wo ein Befragter zunächst massive Kritik an den Lebensverhältnissen im Zielland geübt hat, um dann noch zu bemerken:

„Aber auf der anderen Seite: da bist Du noch wer, natürlich auch, weil Du Geld hast, aber auch als weißer Mann bist Du wer. Hier (in Deutschland) interessiert sich doch kein Schwein für Dich, da bist Du eine Null unter Millionen Nullen. Aber da, ich glaube schon, die meinen Dich und nicht bloß, weil Du Trinkgeld gibst." (Maler, 58)

4.5. Glückssuche als Motor der Tourismus-Branche

Die (tatsächliche und/oder ideelle) Verlagerung der Bedürfnisbefriedigung in teilweise dazu ungeeignete Zielregionen bzw. Ferienwelten beruht häufig darauf, dass es für viele Bedürfnisse zu Hause keine gesellschaftlich akzeptablen Möglichkeiten ihrer Erfüllung gibt. Es findet gleichsam eine Abspaltung des sozial Inakzeptablen statt: Wer den Aufwand scheut, sich und/oder sein soziales Umfeld im Alltag zu verändern, glaubt und hofft, dass ihm dies zeitweilig an einem anderen Ort und unter anderen Bedingungen leichter und konsequenzenlos möglich sein wird. Dies bleibt aber meist Illusion. Das Gefühl, am Zielort ein anderer, freierer, glücklicherer Mensch werden zu können, ist trügerisch und wird allenfalls in der ersten Euphorie und vielleicht noch zeitweise darüberhinaus über den Mechanismus der *sich selbst erfüllenden Prophezeihung* (Merton 1957) anhalten. Nur die Kürze des Aufenthalts verhindert, dass solche Täuschungen erkannt werden.

Nicht nur die vielfach so freimütig kritisierte „moderne" Lebensweise in den Industriegesellschaften, sondern eigentlich mehr oder weniger jede Art geordneten menschlichen Zusammenlebens bringt schwer oder nicht erfüllbare Wünsche hervor (z.B. nach Aufwertung, bedingungsloser Annahme, Anerkennung, Abgabe von Verantwortung, Spontanität, menschlicher Nähe, befriedigenden Sozialkontakten, Verständnis, Großzügigkeit, Toleranz usw.), für deren ersehnte Realisierung mehr oder weniger konkret vorgestellte „Gegenwelten" (Paradiese, Utopien) zuständig sind. Eine Reise, insbesondere eine Fernreise, hat für viele Menschen – mit eigennütziger Unterstützung von Veranstaltern und ihrer Werbung und genährt von offenbar unausrottbaren Klischees und Vorurteilen (vom edlen, willigen, beschränkten, immer freundlichen und anspruchslosen Einheimischen, „traumhaften" Stränden, „faszinierenden" (d.h. nicht verstehbaren) Kulturen usw.) und Irrtümern (z.B. bezüglich der wohltuenden Auswirkungen dauernder Sonnenbestrahlung) Elemente einer solchen Gegenwelt aufgenommen. Das – aus der Sicht der Veranstalter – Gute daran ist, dass der utopische Charakter der Ferienwelten nicht so leicht offenbar wird, lassen sich doch unvermeidliche Enttäuschungen der jeweiligen Organisation, dem Hotel, der Umwelt, dem Ungeziefer, den Einheimischen, den Mitreisenden usw. zuschreiben, so dass im nächsten Jahr wieder ein neuerlicher Versuch an einem anderen Ort gewagt werden kann. Das Glück, zumindest ein Zipfelchen davon, läßt sich fassen, wenn nicht hier, dann dort. So lautet jedenfalls die von den Urlaubern im Sinne der Veranstalter verstandenen Botschaften.

Wie auch in anderen Bereichen gilt es, einer Sättigung oder gar einer bewußten Konsumbeschränkung vorzubeugen. Die Kultivierung des (nicht nur materiellen) „ewig unbefriedigt-Seins" – die motivationale Basis der wirtschaftlichen und kulturellen Dynamik der kapitalistischen Wirtschafts- und Lebensweise – impliziert für die Reisebranche, Ortsveränderungen weiterhin als Mittel zur (nur annäherungsweise erreichbaren) *Glückseligkeit* erscheinen zu lassen. Für sie ist es notwendig, an der zur permanenten Suche motivierenden Strategie des „Wo Du *nicht* bist, da ist das Glück" festzuhalten. Glück ist flüchtig und unberechenbar; es entzieht sich dem Versuch, es räumlich und zeitlich festzuhalten. Wenn wir es im hier und jetzt nicht finden bzw. nicht einfach darauf warten wollen, liegt es nahe, danach zu suchen, wobei wir bei unserer Suche (zumindest vorläufig noch) auf die räumliche Dimension beschränkt sind.

Andererseits könnten sich aber Bemühungen in Richtung einer stärkeren Bewußtwerdung, Offenlegung und Differenzierung von latenten Urlauberbedürfnissen auf längere Sicht doch auch für die Branche als lohnend erweisen. Da in der Zukunft (z.B. aus ökologischen, ökonomischen oder politischen Gründen) ein Nachlassen der Reiseintensität nicht auszuschließen ist, käme es darauf an, der räumlichen Dimension der Glückssuche noch andere (etwa im Zusammenhang mit der Entwicklung künftiger virtueller Wirklichkeiten oder im psycho-sozialen Bereich) hinzuzufügen bzw. diese stärker herauszustellen. Für die Veranstalter könnte die Auflösung der (geschichtlich entstandenen und damit auch revidierbaren) Verbindung von Fernreise und Glückssuche bzw. eine offensivere Einstellung gegenüber den latenten Motiven und Bedürfnissen ihrer Kunden auf lange Sicht zur Evolution von bloßen Reise- zu Freizeit- und Erlebnisagenturen beitragen.

5.
Der Badestrand als multifunktionales Arrangement

„Wir leben in der Illusion, der Strand sei ein völlig offener Raum. Doch das ist nicht der Fall, es scheint sogar, dass er immer mehr an Offenheit verliert"
(Jean-Claude Kaufmann 1996, S. 265)

Ein Großteil der Pauschaltouristen beschränkt sich auf einen – oft nur von gelegentlichen Exkursionen unterbrochenen – Bade- und Strandurlaub, der sich offenbar trotz der zahlreichen Warnungen vor intensiver Sonnenbestrahlung und verschmutzten Küsten und seines geringeren Prestigewertes immer noch großer Beliebtheit erfreut. Zwei Drittel des Welttourismus konzentrieren sich auf die Sonnenküsten der Welt und allein die Mittelmeerländer empfangen über ein Drittel der internationalen Reiseströme (Hennig 1999, S. 27). Allerdings gilt nicht jeder Strandurlaub gleich viel. Wen es an „zauberhafte, exotische und einsame" Strände an der australischen Küste, auf die Malediven oder zu anderen weit entfernten exotischen und exklusiven Zielen zieht, wird auch heute noch geachtet und beneidet, ebenso derjenige, der sich an den rasch wechselnden „Geheimtips" von Magazinen für ein gehobenes Publikum orientiert. Anders sieht es bezüglich der bekannten „Massenstrände" am Mittelmeer und auf den Kanarischen Inseln aus. Inzwischen gelten aber auch schon manche entferntere Ziele wie z.B. die Dominikanische Republik als Kompromiß weniger begüterter Möchtegerne, die aufgrund ihrer nicht so üppigen finanziellen Möglichkeiten auf preiswerte Angebote angewiesen sind und damit die „Massen" in Kauf nehmen müssen. Entsprechend geringer ist damit das Ansehen dieser Urlauber dort.

Die weiterhin ungebrochene Akzeptanz des „ganz normalen" Badeurlaubs resultiert daher, dass er viele Bedürfnisse – vordergründige und latente, akzeptable und unschickliche – abdeckt, bzw. dass man sich davon bestimmte positive Ergebnisse und Erlebnisse verspricht, so z.B. ausspannen, braun werden, Erholung, Sport, Spiel und Spaß, Kontakte, erweiterte Möglichkeiten der Selbstdarstellung bis hin zur Befriedigung weniger legitimer und oft uneingestandener exhibitionistischer und voyeuristischer Neigungen.

Ein wichtiger Aspekt des Strandlebens betrifft – neben der Möglichkeit zum unmittelbaren Kontakt des Körpers zur Natur – die Definition des Strandes als lockere, freie, *zwanglose* oder sogar *paradiesische* Gegenwelt zum stark reglementierten und organisierten (Berufs-) Alltag der Besucher (38). Damit verbindet sich die Vorstellung, dass dort vieles (wenn auch zeitlich begrenzt) möglich ist, was sich im Herkunftsmilieu der Gäste verbietet. Mit der Anonymität und dem durch das *Ablegen der Kleider* symbolisierte Aussteigen aus den normalerweise geltenden Rollenerwartungen entfallen eine Reihe von Verpflichtungen, wozu auch die gehört, seinen Sozialstatus deutlich zu machen und zu verteidigen (39). Hennig (1999, S. 27) bemerkt dazu: „Im Badeurlaub entsteht ein sozialer Kosmos mit eigenen Gesetzen, Verhaltensweisen und Rhythmen. Er stellt eine Sonderwelt dar, in der sich gewöhnlich streng beachtete Grenzen lösen. Soziale Grenzen zunächst: Nirgendwo in unserer Gesellschaft sind die sozialen Unterschiede so wenig wahrnehmbar wie am Strand. Die materielle Ausrüstung, die den Status markiert – vom Auto bis zur Handtasche – bleibt auf dem festen Land zurück, und wenn die Kleidung fällt, ist das letzte Attribut des Distinktion dahin. Die bloßen Körper in ihren Bikinis und Badehosen sind nicht mehr als Zeichen gesellschaftlicher Hierarchie „lesbar". Dieser höchst ungewöhnlichen Situation ist als soziales Arrangement allenfalls noch der Karneval vergleichbar. Verkleidung wie Entkleidung bringen die Zeichen der etablierten Ordnung vorübergehend zum Verschwinden."

Demnach könnte man Strandurlaub und Strandleben – wie Karneval, Fußball oder Prostitution – als *Ventilsitte* betrachten, d.h. als legitime und institutionalisierte Möglichkeit, die in einer Gesellschaft oder Gruppe unvermeidlichen Spannungen und Frustrationen abzuleiten und sonst verpönten Bedürfnissen (z.B. Schau- und Zeigelust) auf geregelter und damit „entschärfter" Weise nachzugehen. Der Strandurlaub profitiert damit vom (seitens der Medien stark aufgebauschten) Image von Freiheit, Lockerheit, Aufgeschlossenheit und „Sünde". Die Diskrepanz zwischen Wünschen und Erwartungen einerseits und der weniger bunten und freien Realität kann freilich auch manche Enttäuschungen verursachen.

Strandbesucher sehen sich häufig als Naturfreunde, doch ist ein Badestrand nicht unberührte Natur, sondern *Kunstprodukt* (Urbain 1994). Für seine Besucher erfüllt er eine Vielzahl von Funktionen, indem er ihnen z.B. als Ruhebereich, Bräunungsstudio, Treffpunkt, Erlebnis- und Spielzone, Ort für kreative Tätigkeiten, Sportplatz, Modenschau, Peepshow, Bühne oder als Kontakt- und Animierzone dient. Entsprechend vielfältig sind seine Bedeutungen, die sich die die Gäste heraussuchen (Fiske 2000, S. 56).

Konkrete Strände werden den verschiedenen möglichen Funktionen bzw. Bedeutungen in unterschiedlichem Ausmaß gerecht. So gesehen ist kein Strand wie der andere, und so ist es – abgesehen von den jeweiligen konkreten Fragestellungen und den methodischen Aspekten – auch schwierig, unmittelbare Vergleiche mit den Ergebnissen dazu vorliegender empirischer Studien herstellen.

Die nachfolgenden Ausführungen beruhen zum großen Teil sowohl auf freien als auch strukturierten eigenen Beobachtungen (40) an mehreren Stränden auf Mykonos (Paradise Beach, Super Paradise), Kos (Psalidi), Mallorca (El Arenal, Alcudia), Rhodos (Lutania Beach, Ixia), Menorca (Cala Santa Galdana), Fuerteventura (Corralejo), Gran Canaria (Puerto Mogan) und Kreta (Chersonissos). Sie erlauben keine Verallgemeinerungen auf „den Strand" oder „den Stranurlauber" schlechthin. An den verschiedenen Stränden, etwa an Nord- und Ostsee (Fesenmeyer 1974; Hedinger 1986), auf Sizilien (Kentler 1963), Mallorca (Kallasch 1999), Kreta (Keul 1998), Rhodos (Kiefl 2000), an der französischen Mittelmeer- und Atlantikküste (Urbain 1994, Kaufmann 1996), in Thailand

(Cohen 1993), Australien (Fiske 2000), Südafrika (Preston-White 2001) oder in Mexico (Pasariello 1993) weisen die jeweiligen klimatischen, sozio-ökonomischen und kulturellen Gegebenheiten jedenfalls einen modifizierenden direkten oder indirekten Einfluß auf das Erleben und Verhalten der Besucher auf.

Bei der Frage nach dem Umfang möglicher Erlebnisse an einem gegebenen Strand könnte man differenzieren nach den Voraussetzungen für
a) *sportliche Erlebnisse* (schwimmen, tauchen, schnorcheln, Wasserski, Tretboot, Wassermoped, Tennis usw.)
b) *kreative Erlebnisse* (z.b. Sandburgen bauen)
c) *gesellige Erlebnisse* (Strandbars, Animationsprogramm, Einrichtungen für Kinder etc.)
d) *ästhetische Erlebnisse*.

Das Ausmaß, in dem Angebote Erlebnisse determinieren, ist unterschiedlich und hängt in starkem Maße von der jeweiligen Person und ihrer Erlebnisfähigkeit ab. Aber selbst die Inanspruchnahme sportlicher Angebote hat wesentlich mit der Wahrnehmungsfähigkeit und Bedürfnislage potentiellen Nutzer zu tun. Prinzipiell möglichen Strandaktivitäten kann nicht überall nachgegangen werden, z.B. aufgrund örtlicher Gegebenheiten (Burgen können nur an Sandstränden gebaut werden etc.) oder gesetzlicher Restriktionen (z.B. Lärm, FKK).

Wenigstens die folgenden wesentlichen Randbedingungen des Beobachtungsraumes schränken eine Generalisierung ein:

- *Untersuchungszeitraum:* Eine wichtige Rolle spielen Zeitpunkt und Zeitraum der Untersuchung, d.h. der Einfluß des sozialen und kulturellen Wandels. So können Ziele im Lauf der Zeit an Popularität gewinnen und verlieren, was unterschiedliche Arten von Besuchern anzieht (Beispiel Mallorca), zum anderen können auch bestimmte Aktivitäten und Verhaltensweisen modern oder unmodern werden. So soll z.B. der Bau von Sandburgen in den 50er und 60er Jahren noch viel verbreiteter gewesen sein als heute und umgekehrt waren viele Sportmöglichkeiten zu dieser Zeit noch unbekannt bzw. unüblich. Vermutlich dürfte auch das Motiv des „braun werdens" in Anbetracht der Warnungen vor der gefährlicher gewordenen UV-Strahlung etwas von seiner ehemals überragenden Bedeutung (z.B. Kentler 1963, 1993) eingebüßt haben. Bis Anfang der 70er Jahre kam „oben ohne" allenfalls an versteckten Buchten und abgelegenen Strandabschnitten vor, inzwischen ist es nicht nur am Mittelmeer allgemein üblich. Insofern liefern länger zurückliegende Studien (z.B. Kentler 1963, Fesenmeyer 1974) interessante Aufschlüsse über Veränderungen nicht nur im Freizeitverhalten und fordern erweiterte und verfeinerte Replikationen geradezu heraus.

- Auch die konkrete *Beschaffenheit des Strandes* und der räumlichen Bedingungen wirkt verhaltensdeterminierend. Wenn z.B. an einem Strand kaum Spiele stattfanden und auch wenig im Wasser geplantscht wurde, hatte dies nicht nur mit der unterschiedlichen Altersstruktur der Gäste zu tun, sondern auch damit, dass ein flacher Kiesstrand dazu weniger einlädt als ein sehr flacher Sandstrand.
- *Jahreszeit und Besucher:* Das Strandpublikum z.B. an europäischen Mittelmeerstränden Ende Juni unterscheidet sich hinsichtlich Alter und Familienstand (und vermutlich noch weiterer Variablen) von den Gästen im Juli oder August am selben Strand. So gibt es z.B. im Frühsommer wenig Familien mit schulpflichtigen Kindern, dafür viele „mittelalterliche" Paare (zwischen 40 und 60) und Paare im Rentenalter.
- *Nationalität der Gäste:* Wie z.B. der Vergleich des Hotelstrandes auf Rhodos (Kiefl 2000) mit einem öffentlichen Strand auf Mallorca (Kallasch 2000) zeigte, kann die Zusammensetzung der Besucher nach Nationalitäten auch unterschiedliche Verteilungen von Verhaltensweisen und ein unterschiedliches „Klima" bewirken. Dies dürfte sich bei größeren kulturellen Differenzen noch deutlicher auswirken (vgl. z.B. Pasariello 1993).
- *Spezifische Lebens- und Verhaltensstile:* Strandbesucher streuen oft nicht gleichmäßig über alle Sozialschichten, so dass bestimmte Lebens- und Verhaltensstile häufiger als andere vorkommen. 4-Sterne Hotels haben z.B. andere Gäste als niedriger- oder höherklassige Häuser; insbesondere jüngere Reisende (Schüler, Studenten, junge Berufstätige) bevorzugen billigere Unterkünfte. Unter ihnen ist auch der Anteil der Ledigen größer; beide Merkmale (Lebensalter, Familienstand) dürften das Freizeit- und Kommunikationsverhalten beeinflussen. Dominieren Unterkünfte eines bestimmten Typs, so werden sich unterschiedliche Häufigkeiten bestimmter Aktivitäten und Interaktionen im Vergleich zu Stränden ergeben, wo ein anderer Unterkunftstyp das Ortsbild prägt.
- *Destination:* Das Reiseziel übt insofern eine Selektionswirkung aus, indem z.B. Griechenlandtouristen häufiger kulturellen Interesen nachgesagt wurde als Spanienurlaubern. Mag dies bis vor einigen Jahrzehnten noch zutreffend gewesen sein, so sind inwischen zumindest bei den erholungssuchenden Pauschal-

touristen am Mittelmeer die Ziele weitgehend *austauschbar* geworden (z.B. Karos 1992, S. 115, Pfaffenbach 1996, S. 7). Dagegen wird man davon ausgehen können, dass die Besucher bislang noch weniger frequentierter „exotischer" Zielregionen häufiger spezifische Interessen und Motive haben und sich insofern möglicherweise nicht nur hinsichtlich ihrer Schichtzugehörigkeit und ihres Lebensstils, sondern auch hinsichtlich ihrer praktizierten bzw. bevorzugten Aktivitäten abheben. Zusätzlich machen sich auch die besonderen klimatischen, landschaftlichen, ökologischen, kulturellen oder rechtlichen Gegebenheiten in den Zielgebieten verhaltensmodifizierend bemerkbar. So gibt es z.B. an einem stark frequentierten Strand auf Ibiza einerseits mehr Begrenzungen und andererseits mehr Freiheiten als an einem weitläufigen Strand in den Vereinigten Arabischen Emiraten. Dabei kommt es nicht allein auf nationale, sondern auch auf regionale Unterschiede an: Die Gegebenheiten auf Korsika können nicht mit denen an der Cote Azur, die auf Simi nicht mit denen auf Mykonos und die auf Mallorca nicht mit denen an der galicischen Küste verglichen werden. Selbst in einem sehr eng begrenzten Gebiet können sich im Laufe der Zeit charakteristische „Strandkulturen" herausbilden (was z.B. im Sommer 1998 auf Mykonos in drei nebeneinanderliegenden Buchten festgestellt werden konnte).

Die skizzierten Einschränkungen machen deutlich, dass Einzelergebnissen nur eine begrenzte raum-zeitliche Gültigkeit zukommt. Sie sind – wie jede vergleichbare Studie – an die besonderen und veränderlichen lokalen Umstände gebunden, die deshalb möglichst genau festgehalten werden müssen. Erst eine Mehrzahl ähnlicher Untersuchungen an anderen Orten und/oder zu anderen Zeiten und nach Möglichkeit unter Verwendung kompatibler Kategorien und Instrumente bietet die Chance, unterschiedliche Facetten des Strandlebens in Abhängigkeit von wesentlichen sozio-kulturellen, sozialpsychologischen und ökologischen Variablen darzustellen. Sofern nicht anders vermerkt, beziehen sich die folgenden Ergebnisse auf Lutania Beach auf Rhodos (41).

5.1. Die Strandbesucher

Zur Verdeutlichung der durch äußere Gegebenheiten gezogenen Grenzen soll kurz die Situation von Lutania Beach und Ixia auf Rhodos mit der am Strand von Cala Santa Galdana (Menorca) anhand einiger Merkmale verglichen werden (ausführlicher Kiefl 2000). Die betrachteten Strände unterschieden sich in vielfacher Hinsicht voneinander (s. Übersicht 3), hatten aber auch einige Gemeinsamkeiten, mit denen sie sich von anderen Touristenstränden, etwa an der Playa de Palma auf Mallorca, abhoben:

- Sie waren räumlich relativ begrenzt und überschaubar.
- Typisch war der „Onkel-Paul"-Typ (Keul 1998), insbesondere Rhodos (Ixia und Lutania Beach). Es herrschte also keine „Ballermann"-Atmosphäre (Kallasch 1999), d.h weder laute Musik, noch junges Gruppen- und Single-Publikum.
- Es gab keine Händler am Strand, keine Animation.
- Es war nur wenig Belästigung durch Motorboote, Wassermopeds und andere lärmintensive Angebote und Einrichtungen zu verzeichnen.
- An allen drei Stränden überwogen eindeutig Paare (ca 90% der Besucher). Familien mit Vorschulkindern kamen lediglich vereinzelt auf Menorca vor, und sowohl auf Rhodos als auch auf Menorca gab es wenige allein oder mit einer Begleiterin reisende Frauen.
- Am stärksten vertreten war die Altersgruppe der ca. 30- bis ca. 60jährigen, gefolgt von den Über-60jährigen. Kleidung, Sprache und Verhaltensweisen der Gäste wiesen auf Zugehörigkeit zur Mittelschicht hin.

5.2. Motive von Strandurlaubern

Wenn auch die hier skizzierte Strandstudie im wesentlichen auf Verhaltensbeobachtungen beruhte, erschien es nicht zweckmäßig, sich allein darauf zu beschränken, würde dies doch einen Verzicht auf wichtige Informationen, etwa über Erwartungen, Meinungen und Einstellungen und Interpretationen von Handlungsweisen beinhalten. Es ist trivial, dass zwei gleiche Handlungen auf unterschiedlichen Motiven beruhen und Unterschiedliches bedeuten können. Der Handelnde kann darüber Auskunft geben, er kann aber auch den Fragenden (und sich selbst) täuschen bzw. gar keine Kenntnis davon haben (wollen). Erst der Einsatz mehrerer Verfahren kann helfen, Unzulänglichkeiten einer Methode zu erkennen. Der Nutzen eines multimethodischen Vorgehens besteht vor

Übersicht 3: Einige wesentliche Merkmale von drei Stränden, an denen 1999 und 2000 beobachtet wurde

Beobachtungs-zeit	Lutania Beach (Rhodos)	Ixia (Rhodos)	Cala Santa Galdana (Menorca)
	Ende Juni 1999	Mitte September 1999	Anfang September 2000
Beschaffenheit	Kies; flach	Kies u. Sand; flach	Sand; sehr flach
Wasser und Wassertemperatur (mittags)	sehr sauber; warm (ca 21-22°)	mäßig sauber; ca 22°	gelegentlich Anschwemmung von Seetang u.ä., sehr warm (ca 24°)
Lufttemperatur (mittags)	29-31°	25-27° etwas windig	27-31°
Lage	Ort (mit weiteren Hotels u. Stränden) ca. 800 m entfernt	unmittelbare Ortsnähe	unmittelbare Ortsnähe
Hotels in der Umgebung	ein Hotel	mehrere große Hotels	drei große u. mehrere kleine Hotels in unmittelbarer Nähe
Besucherkapazität	ca. 300 (erweiterbar)	ca. 1000; beobachteter Bereich ca 200	ca 500 (kaum mehr erweiterbar)
Wassersport-Angebote (außer Schwimmen)	Tretboote/ Wasserski	Tretboote/ Wassermopeds	Tretboote/Wasserski/Kanus/Tauchschule/Wasserwachtstation
Gäste hauptsächlich aus:	Deutschland, Österreich, Tschechien	Großbritannien (ca 60%); Deutschland (ca 30%); Holland; Schweden	Großbritannien, Deutschland, Spanien
dominierende Altersgruppe/ Familienstand	Paare zw. 40 u. 60; kaum Kinder	Paare zw. 30 u. 60; keine Kinder	Familien mit Vorschulkindern; Paare zw. 40 u. 60

allem darin, unterschiedliche und sich oft erst im Verlauf des Forschungsprozesses herausdifferenzierende Aspekte eines komplexen Phänomens optimal zu bearbeiten.

So wurden ergänzend zu den Beobachtungen an der Lutania Beach auch einige explorative Interviews bzw. „ero-epische Gespräche" (Girtler 1995) durchgeführt. Die geringe Fallzahl erlaubt natürlich keine Generalisierung, ja nicht einmal eine Abschätzung der Bedeutsamkeit der Gründe für den Badeurlaub der Befragten.

Bei den Gesprächen wurde auch versucht, gezielt sozial weniger „erwünschten" Gründen nachzugehen (z.b. Flucht aus dem Alltag, sich gehen lassen können, Voyeurismus, Kontaktsuche). Ansatzpunkt war stets die *Frage, welche Wünsche und Erwartungen nach Meinung der jeweiligen Auskunftsperson wohl die Mehrzahl der Strandurlauber hätte.* Die Befragten erwiesen sich – z.T. nach einer gewissen „Aufwärmphase" – als mitteilsam und offen. Dabei wurde zunächst ein Kontakt ohne Preisgabe der Interviewabsicht hergestellt. Die nach wenigen Minuten erfolgende Offenlegung der Absichten hat bei den Befragten zu keinen wahrnehmbaren Reaktionen oder Verhaltensänderungen geführt.

Bei der Frage nach den Motiven für einen Strandurlaub ist (wie auch bei den Reisemotiven generell und überhaupt in der Motivforschung) zwischen manifesten und latenten Motiven zu unterscheiden bzw. zwischen Wünschen, die man gerne am Strand erfüllt sähe (z.B. in die Sonne kommen) und (urlaubsbezogenen) Erwartungen einerseits und eher grundlegenden Bedürfnissen, z.B. nach sozialer Anerkennung (s. o.) die oft nicht im Vordergrund des Bewußtseins stehen (Lohmann & Kupfer 1997; Lohmann 1999, S. 5).

Erschwerend für die Untersuchung der Beweggründe ist, dass mit einer Urlaubsreise bzw. mit einem Strandurlaub häufig mehrere Motive befriedigt werden können. Wie zu erwarten, wurden bei den Interviews zunächst „gängige" Begründungen für die Entscheidung zum Strandurlaub genannt, nämlich:

- *ausruhen:* sich entspannen, abspannen, abschalten, Ruhe genießen, nichts tun müssen, Sonne tanken, sichs gutgehen lasssen, sich verwöhnen lassen, Zeitlosigkeit erleben;

„Ruhe, Zeit haben, nichts tun müssen, aber viel tun können, ist für mich das wichtigste, und da komme ich hier voll auf meine Kosten .... Das beste ist, dass es hier keine Zeit gibt. Man kann alles und muß nichts. Ich verbringe meinen ganzen Urlaub hier am Strand. Ein Tag ist wie der andere, zwei Wochen lang. Warum soll ich was unternehmen oder wo andershin fahren, wo es schön ist. Hier ist es auch schön. Wenn ich was unternehmen würde, müßte ich wieder Zeit verplanen. Das genügt mir im Alltag." (Betriebswirt, 46) – „Sonne, gutes Wetter, gutes Essen, ein gemütliches Zimmer, in dem ich mich wohlfühle, Ruhe, guter Service. Das wollte ich, und das habe ich hier gefunden." (Med.-techn. Angestellte, 41)

– *etwas für sich und seinen Körper tun:* Farbe bekommen, schwimmen, Kraft schöpfen;

– *sich frei fühlen;*

„Man fühlt sich frei und locker, und weil auch die anderen nichts anhaben, geniert man sich nicht." (Sekretärin, 36)

– *Beziehungspflege:* Zeit für Partner/Partnerin haben;

– *gute Erfahrungen:* war hier schon mal, mag Land und Leute;

– *günstiges Angebot:* Preiswürdigkeit; gutes Preis-Leistungs-Verhältnis; war noch kurzfristig zu haben, wurde mir im Reisebüro empfohlen, u.ä.

Die indirekt gestellte Frage nach vermuteten Wünsche der Strandurlauber insgesamt sollte auch Hinweise auf weniger anerkannte, aber dennoch wichtige Beweggründe geben. Neben den bereits genannten akzeptierten Motiven wie „Erholung" und „Sonne genießen" wurde auch genannt

– *sich einmal richtig ausleben;* Urlaub vom Partner; Frauen kennenlernen; auf Männerfang gehen; Flirt; erotische Abenteuer.

„Viele wollen neue Bekanntschaften machen, vielleicht auch mal ihren Wert testen, besonders wenn sie in einer langweiligen Beziehung leben, wo man sich nicht mehr viel zu sagen hat und wo auch die Aufmerksamkeit fehlt" (kaufm. Angestellte, 44)

- *sich anders geben*, sich darstellen, eine andere Rolle spielen, „König für einen Tag" (Gottlieb 1993) sein:

„Viele fahren bloß weg, um ein bißchen hochzustapeln und so zu tun, als wären sie was Besseres. Vielleicht nicht unbedingt hier, aber anderswo schon. Ich bin mir sicher, dass viele, die wegen dem Zimmer und Essen meckern und so angeben und mit dem Geld um sich werfen, zuhause nicht so komfortabel leben." (Sekretärin, 36) – „ (...) sich produzieren und sich und anderen zeigen, dass sie noch ganz passabel ausschauen" (MTA, 41)

Im Verlauf der Gespräche wurden dann solche Motive auch als eigene anerkannt bzw. zumindest angedeutet, etwa

- *Flucht*

„Aus allem für ein paar Wochen raus. Das Ziel ist mir egal. Faulsein, Nichtstun, sich um nichts kümmern müssen, das wars, was ich wollte." (Kaufmännische Angestellte, 44)

- *Voyeurismus*

„Ich beobachte hier gern – besonders die Frauen. Es gefällt mir, dass immer mehr Frauen „oben ohne" sind. Das fasziniert mich (...). Unauffällig hinschauen kann man ja, so ganz diskret, und sich darüber freuen und träumen". (Betriebswirt, 46)

- oder *Exhibitionismus*

„... das kann man schon verstehen. Das tut gut, wenn man das Gefühl hat, dass sich wer für einen interessiert. Da braucht auch nichts großes draus zu werden. Aber irgendwie baut es mich (!) doch auf" (kaufm. Angestellte, 44) – „...sich zeigen, so wie man ist, und das Gefühl haben, dass man sich noch sehen lassen kann. Ich schau doch auch noch ganz gut erhalten aus, oder?" (lacht) (MTA, 41)

5.3. Aktivitäten

Soweit möglich sollten sich Untersuchungen in der Tourismusforschung – wie in der Sozialforschung überhaupt – nicht auf Befragungen beschränken. Mit entsprechenden Beobachtungsdaten konfrontiert, lassen sich mitunter charakteristische Diskrepanzen zwischen verbalisiertm und realisiertem Verhalten verdeutlichen. So konnte z.b. Fesenmeyer (1974, S. 35) nachweisen, dass Befragte am Strand deutlich häufiger aktive Tätigkeiten angegeben haben, als diese beobachtet wurden. Bezogen auf das Baden fand sie: „Nach dem Verbalverhalten zu urteilen, steht Baden im Mittelpunkt des Strandlebens. Die Beobachtungen vermitteln ein anderes Bild. Bezogen auf die Gesamtheit der beobachteten Verhaltensweisen hat Baden nur einen Anteil von 5,8% und steht damit an 6. Stelle" (Fesenmeyer 1974,S. 41). Bereits dieses Beispiel macht deutlich, wie wichtig eine Korrektur „weicher" Befragungsdaten z.B. mit „harten" Beobachtungsdaten sein kann: Während verbale Reaktionen Normatives wiederspiegeln (z.b. die gebotenen Möglichkeiten auszunutzen), kann die Verhaltensbeobachtung tiefergründigeres offenbaren: Gerade dass am Badestrand fast nichts geschieht (bzw. geschehen muß) trägt aber zum Reiz des Strandurlaubs bei, begünstigt dies doch den Eindruck, dass die im modernen Alltag immer zu knappe Zeit plötzlich am Strand stehenzubleiben scheint (Mundt 1998, S. 170 f.).

Dies illustriert auch die Konfrontation von Verhaltensäußerungen und Verhaltensweisen bei einer befragten Rhodos-Urlauberin. Auf die Bemerkung, dass es doch sehr schön sei, den ganzen Tag nur in der Sonne zu liegen und nichts zu tun, meinte sie:

„Ja, schon. Aber wir wollen das nicht jeden Tag machen, das wäre zu eintönig. Wir wollen uns auch was anschauen, die Stadt, die ganzen geschichtlichen Bauten. Ein paar Ausflüge werden wir schon machen. Wenn wir schon hier sind, wollen wir auch was mitbekommen" (kaufmännische Angestellte, 44)

Die Betreffende und ihre Begleiterin hielten sich während des gesamten Beobachtungszeitraums (eine Woche) stets ganztägig am Strand auf, so dass für beabsichtigten anspruchsvolleren Aktivitäten – zumindest tagsüber – offenbar keine Zeit geblieben ist.

Soweit nicht eigens vermerkt, beziehen sich die nachfolgenden Angaben allein auf die Beobachtungen an der Lutania-Beach (ausführlicher dazu Kiefl 2000): Die Beobachtungen mußten mit minimalen Ressourcen (keine Kontrollbeobachtungen, nur einwöchige Aufenthalte, keine technischen Hilfsmittel) auskommen. Daher konnte das Strandleben zeitlich, räumlich und inhaltlich nur ausschnittsweise erfaßt werden. Letzteres heißt z.b., dass – abhängig von den Fragestellungen – eine Auswahl bestimmter Personen und Aktivitäten vorgenommen wurde. Da nur Verhaltensweisen der Urlauber interessierten, blieben die quantitativ bedeutungslosen Aktivitäten von am Strand anwesenden Einheimischen (Motorbootverleiher, Liegestuhlvermieter u.ä.) unberücksichtigt. Bei den Strandbesuchern wurden nur eindeutig wahrnehmbare Verhaltensweisen ausgewählt und mittels vorbereiteter Blätter registriert:

– *Erfassung „typischer" Aktivitäten* (z.B. ankommen, Platzsuche, Platz richten, liegen, sitzen, schlafen, lesen, gehen, schwimmen, Tretboot fahren, Badekleidung wechseln) und Interaktionen (z.B. sich unterhalten, Spiele, Interaktionen mit Partnern, Kindern, anderen Touristen, Einheimischen, Bar aufsuchen usw.);
– *Kommunikation und Kontaktaufnahme* (mit dem Partner, mit anderen Touristen und mit Einheimischen);
– *Wahrnehmung, Einhaltung und Übertretung von formellen und informellen Regeln* (z.B. Überschreiten von Territorien, Lärm, Sauberkeit).

Aus den Protokollen lassen sich nicht nur Dauer und Abfolge verschiedener Aktivitäten und Interaktionen (z.B. Platzsuche, schwimmen) ersehen, sondern auch:

– *Merkmale der jeweiligen Personen* (geschätztes Alter, Nationaliät (anhand der Unterhaltung sowie mitgebrachter Bücher und Zeitschriften)

– *Typische Verhaltensweisen der Beobachteten* sowie Hinweise auf die Qualität ihrer Beziehung zueinander und zu Dritten.
– *Häufigkeit verschiedener Konfigurationen* (Einzelpersonen, gleich- und gegengeschlechtliche Paare, Familien usw.)

Weiterhin wurden in regelmäßigen Abständen (9.00; 11.00; 14.00; 17.00) im Sinne einer Blitzlichtaufnahme Aktivitäten aller Besucher eines erweiterten Abschnitts (maximal 54 Plätze) registriert (Querschnitt). Es handelte sich somit – nach dem Schema von Laatz (1993, S. 171) um eine teilnehmende, verdeckte, direkte und standardisierte Fremdbeobachtung mit simultanen zeitlichen Bezug.

Die Aktivitäten an den (maximal 16) Plätzen im unmittelbaren Umfeld des Beobachters wurden während verschiedener, vorab festgelegter Zeitintervalle systematisch und vollständig registriert. Zusätzlich zu diesem strukturierten Vorgehen wurde auch „frei" beobachtet.

Abgesehen von gelegentlichen Frühsportlern war vor 8.30 niemand am Strand. Erst ab 10.00 füllte sich der beobachtete Abschnitt ziemlich kontinuierlich, und spätestens bis 13.00 waren (fast) sämtliche Plätze belegt, jedoch nicht besetzt, da ein Teil der Besucher den Strand ab etwa 12.30 vorübergehend verlassen hatte, sei es, um eines der Restaurants aufzusuchen oder sich für mehr oder weniger lange Zeit ins Hotelzimmer zurückzuziehen. Ab 14.00 nahm die Anzahl der Besucher wieder zu. Gegen 17.00 setzte dann die endgültige Abwanderung in größerem Umfang ein. Kurz vor 18.00 war nur noch ein kleiner Teil der Liegen besetzt und um 19.00 war kaum mehr jemand zu sehen. Diese Beobachtungen stimmen gut mit denen von Keul (1998, S. 4) überein.

Bei den Gästen zeigte sich eine *bemerkenswerte Platztreue*: Nach Möglichkeit wurde derselbe Platz wie am Vortag oder – falls bereits belegt – eine benachbarte Liege gewählt. Zwar bestand eine leichte Priorität für Liegen in der ersten Reihe, doch gab es auch viele Strandbesucher, die sich für Plätze in der zweiten oder dritten Reihe entschieden. Auffallend war weiterhin die Pünktlichkeit vieler Besucher. Man kam – teilweise fast auf die Minute genau – oft zur selben Zeit. Insgesamt lassen die Protokolle besonders für die Gestaltung der Vormittage am Strand sehr viel Gleichförmigkeit erkennen.

Zwischen den Gästen am Strand und am Hotelpool zeigen sich einige Unterschiede, die sowohl auf das spezifische Publikum als auch auf die unterschiedlichen Arrangements zurückgehen dürften: Zum einen war der Pool (42 Schirme, 84 Liegen) insgesamt deutlich weniger frequentiert als der Strand (durchschnittliche Auslastung 25% vs. 83%), zum anderen waren dort ältere Paare und junge Familien mit sehr kleinen Kindern überrepräsentiert und drittens war die Platztreue der Gäste am Pool noch größer als am Strand. Am Hotelpool lagerten vorzugsweise ältere Leute und Familien mit kleinen Kindern. Die Kommunikation zwischen den Paaren war etwas reger als am Strand und demzufolge auch die Anonymität geringer. Die geringere Anzahl der Liegenden und die trotz der reduzierten Auslastung größere räumliche Enge haben – im Unterschied zum Strand – zu Gruppenbildungen bei den älteren Paaren beigetragen. Bei den anderen Poolbesucher-Paaren wurden dagegen kaum Aussenkontakte beobachtet.

Vorbereitende Aktivitäten am Strand umfaßten folgende, selbst wieder weiter unterteilbare Handlungen:

- Platz suchen
- Entscheidung treffen
- Liegestühle säubern und in die richtige Lage bringen
- Unterlage holen
- Strandtaschen auspacken
- ausziehen und Badekleidung anziehen
- Kleidung und Strandtasche verstauen

Einige Beobachtungen zu den vorbereitenden Aktivitäten:

- Soweit als möglich wird bei der Auswahl einer Liege wenigstens ein Schirm Zwischenraum gelassen. Lücken werden in der Regel erst

später aufgefüllt, wenn die Plätze knapper geworden sind.
- Da das Angebot an Liegen und Schirmen im Beobachtungszeitraum mehr als ausreichend war, wurde die andernorts und vor allem an Hotelpools beobachtete Gewohnheit, gewünschte Liegen mit Handtüchern oder persönlichen Gegenständen weit vor der beabsichtigten Nutzung zu reservieren, kaum beobachtet.
- Die Entscheidung über den Liegeplatz wurde von den Paaren meist gemeinsam und ohne größere Diskussion getroffen.
- Das Richten des Platzes (ggf. herbeischaffen, plazieren und säubern der Liegen und Schaumgummiunterlagen) wurde häufiger von den Männern übernommen, während sich die Frauen mehr um die mitgebrachten Utensilien (Handtücher, Imbiß, Lesestoff) kümmerten. Solche Aktionen verliefen meist ohne viel Worte.
- Das Umziehen erfolgte in der Regel schnell und diskret. Die meisten Besucher trugen bereits Badekleidung unter ihrer Freizeitkleidung. Umständliche und auffällige Umkleideaktionen waren noch seltener als Besucher, die bereits in Badekleidung an den Strand gekommen sind.

Insgesamt wurden passive Tätigkeiten (schlafen, aufs Meer schauen, lesen...) deutlich bevorzugt (s. u.); sie kamen am Nachmittag häufiger vor als am Vormittag. Das Meer wurde geringfügig häufiger von jüngeren Gästen aufgesucht – aber von ihnen insgesamt auch nicht sehr intensiv genutzt.

Der Vergleich mehrerer Protokolle identischer und verschiedener Personen läßt sowohl Ähnlichkeiten zwischen verschiedenen Personen als auch Gleichförmigkeiten bei denselben Personen erkennen. Die Durchsicht zeigt typische Handlungsabläufe. Grundsätzlich kann dabei zwischen 4 bzw. 5 unterschiedlich langen Phasen differenziert werden:

- Die *Ankunftsphase* umfaßte das Betreten des Strandes, die Platzbestimmung, das Herrichten des Platzes, aus- bzw. umziehen und (meist) das erste Eincremen. Sie dauerte in der Regel zwischen 10 und 15 Minuten.

- Daran schloß sich bei den meisten Strandbesuchern eine *erste Ruhephase* an. Sie war gekennzeichnet von „Aktivitäten" wie liegen, aufs Meer schauen, (mit dem Partner) reden, lesen, Kreuzworträtsel lösen, dösen, schlafen und gelegentlichem Essen und Trinken. Die Ruhephase konnte von ca einer Viertelstunde bis zu mehreren Stunden andauern. Es wurden auch Urlauber beobachtet, die die Ruhephase während ihres gesamten mehrstündigen Strandaufenthalts überhaupt nicht unterbrochen haben.
- Für eine Minderheit der Gäste erfolgte im Anschluß an die Ankunftsphase (gelegentlich nach einer sehr kurzen Ruhephase) eine *erste Aktivitätsphase*. Dazu gehörten: ins Wasser gehen, (mehr oder weniger lang) schwimmen, aus dem Wasser kommen, duschen, abtrocknen. Für die meisten anderen schloß sich die selten mehr als eine Viertelstunde dauernde Aktivitätsphase an die um ein Vielfaches längere Ruhephase an.
- *Pause:* Ein Teil der Besucher verließ den Strand um die Mittagszeit bzw. im Zeitraum zwischen ca 12.00 und 15.00. Durch Hinterlassen persönlicher Gegenstände zeigten sie an, dass sie wieder zurückkehren wollten. Sie begaben sich entweder in eines der umliegenden Restaurants oder suchten ihr Hotelzimmer zur Mittagsruhe auf.
- Das *endgültige Verlassen* des Strandes erfolgte meist im Zeitraum zwischen 17.00 und 18.00. Dafür typische Handlungen waren Eincremen, Anziehen, Frisieren, Einräumen der Tasche, Aufräumen des Platzes, Gehen. Die Dauer der *Abschiedsphase* betrug meist zwischen 5 und 20 Minuten.

Für die einzelnen Paare ergaben sich oft typische Muster. Manche durchliefen mehrere relativ kurze Ruhe- und Aktivitätsphasen, andere wenige lange Ruhe- und wenige kurze Aktivitätsphasen. Diese Muster änderten sich an den einzelnen Tagen kaum. Soweit ersichtlich, waren jüngere Paare im Durchschnitt nicht aktiver als ältere.

Insgesamt vermittelt die Protokollierung den Eindruck ziemlich einförmiger Abläufe. Einige Sequenzen erinnern an regelrechte *Rituale* (s. Urbain 1994). Zu den Aktivitäten im einzelnen:

Übersicht 4: Anteile verschiedener Strandaktivitäten zu unterschiedlichen Zeitpunkten (Rhodos: Kolymbia)

Aktivität	9	11	14	17	insges.
Dösen, Schlafen, Meer/ Strand beobachten	28%	33%	41%	42%	36%
Lesen, Kreuzworträtsel Lösen	18%	20%	20%	10%	17%
Karten- oder Brettspiele, Spiele am Strand	3%	-	9%	6%	4%
Binnenkontakte	15%	7%	16%	14%	12%
Außenkontakte	-	11%	-	5%	6%
Platz richten, aufräumen	5%	8%	2%	2%	5%
Strandspaziergang	5%	2%	4%	1%	2%
ins Wasser gehen, schwimmen, schnorcheln, im Wasser spielen	28%	14%	7%	16%	15%
sonstiges (42)	-	5%	2%	5%	3%
insgesamt	100% (40)	100% (119)	100% (56)	100% (88)	100% (303)

Nichtstun, Lesen, Beobachten und Tagträumen: Wie Übersicht 3 zu entnehmen ist, geschah eigentlich wenig, und insbesondere nichts Aufregendes. Regenerativ-passives Tun überwog eindeutig. Tätigkeiten wie schlafen, dösen, aufs Meer schauen, Strand bzw. Leute beobachten waren am häufigsten, gefolgt von lesen und Rätsel lösen. Das (sozial eher „unerwünschte") Beobachten anderer Badegäste erfolgte sehr dezent, d.h. es war schwer eindeutig zu registrieren. Immerhin gaben aber sämtliche Interviewpartner zu, dass sie dies praktizierten.

Die bei den Gesprächen bzw. Interviews provokativ hingestreute Bemerkung, dass nach Auffassung vieler Menschen ein reiner Strandurlaub „langweilig" sei, wurde von den Befragten einmütig zurückgewiesen:

„Ich finde es hier toll. Langeweile haben nur langweilige Menschen. Ich kann hier so viel tun, wozu mir zuhause Zeit und innere Ruhe fehlen, dass der ganze Tag damit ausgefüllt ist." (Betriebswirt; 46) – „Nein, langweilig war es mir bisher noch nicht und wird es mir wahrscheinlich auch nicht. Ich lese viel, mache Handarbeiten, kann tagträumen, und wir haben viele gute Gespräche, was im Alltag oft zu kurz kommt. Und dann ist der Tag schon um. Vielleicht wäre es mir so in vier oder fünf Wochen mal langweilig." (MTA, 41)

„Ich langweile mich nicht, auch wenn's vielleicht so aussieht. Ich hab so viel zu lesen, zu dem ich daheim einfach nicht komme. Ich kann die Gedanken schweifen lassen und ich komme auch so auf manches, auch über mich, was ich so mache und was nicht so gut läuft und was ich besser machen könnte. Es ist eine schöpferische Pause. Das einzige, was mich hier stört, ist, dass ich oft übervoll bin, und es hier wenig Gelegenheit zum reden gibt, wenn man alleine ist. .... Hier sind doch nur Paare, und die Menschen sind nicht so offen oder zu gehemmt, oder gesättigt. Und da glaub ich, wäre ein bißchen Animation ganz gut, dass man ins Gespräch kommt, aber nicht so billig, so Klamauk. Aber das ist schwierig." (Bibliothekar, 58) – „Für uns (ist es) nicht (langweilig). Wir ruhen uns hier aus, und wenn wir was erleben wollen, brauchen wir ja bloß abends auszugehen, in den Ort. Hier (am Strand) wollen wir auch nichts anderes, als ausruhen, dösen, ein bißchen schwimmen, uns unterhalten, lesen. Action brauchen wir nicht." (Sekretärin, 36)

Es ist schwierig – aber auch reizvoll – an den Phantasien und Gedanken mancher so scheinbar harmlos vor sich hindösender Urlauber teilzunehmen. Freie Interviews bieten die Chance, ein wenig in die Welt der unstatthaften Träumereien einzutauchen (43), und so wurden am letzten Beobachtungstag noch einige intensivere Unterhaltungen geführt (44):

„Mir ist es am liebsten, einfach so zu dösen und zu träumen, und zwischendurch mal ins Wasser, wenn es zu heiß wird. Aber das Tagträumen genieße ich. Von außen gesehen, liege ich da wie eine fauler Sack. Aber in meinem Kopf geht viel vor, weil ich hier die Muße habe, die ich zuhause nicht habe. ... Langweilig ist es mir nicht. Vielleicht vermisse ich es mal zwischendurch, dass niemand da ist, mit dem ich reden kann. Aber das geht vorbei. ... Natürlich interessieren mich die Frauen. Das kann ich gar nicht steuern, da schau ich ganz automatisch hin, und wenn mir eine gefällt, riskier ich auch einen zweiten Blick. Ich glaube, es gibt keinen Mann, den das nicht interessiert und der das nicht mitbekommt, wenn viele auch so tun, als ob sie das kalt läßt, weil die (eigene) Frau dabei ist. ..... Mir gefällts, dass es hier viel freier zugeht, als vor zwanzig Jahren." (Bibliothekar, 58) – „Einfach so schauen, ganz entspannt.

Aufs Wasser, und – naja .... das ist doch für einen Mann ganz natürlich: auch auf die Frauen. So ganz unauffällig hinschauen kann man ja, und sich darüber freuen und träumen. Und ich glaube ja auch nicht, dass die das stört" (Betriebswirt, 46)

Der Soziologe Jean Claude Kaufmann drückt dies in seiner bemerkenswerten Strandstudie „Frauenkörper – Männerblicke" (1996, s. bes. S. 161 ff.) noch etwas poetischer aus: „(...) der Mann schaut und fährt seine Ernte ein, mit der er sein kleines, heimliches Kino speist (...). Das Auge wird von einem Bild eingefangen, der Traum in Geschichten davongetragen." (Kaufmann 1997, S. 3). Die hier nur unter einem Aspekt beispielhaft angedeuteten Assoziationen, Gedanken und Phantasien der Urlauber und die sich damit verbindenden Erlebniserwartungen bieten jedenfalls ein aufschlußreiches Untersuchungsgebiet der Tourismusforschung, und allein die Schwierigkeit der Erfassung sollte kein Grund für dessen Vernachlässigung sein.

Bei der insgesamt recht häufigen Lektüre am Strand überwogen Unterhaltungsliteratur (meist als Taschenbücher), Illustrierte und Magazine sowie Tageszeitungen. Relativ oft wurden auch Rätselhefte bearbeitet – ein Hinweis darauf, dass sich viele Touristen auch etwas geistig fordern wollen.

Schließlich bietet der Strand prinzipiell aber auch noch besondere Möglichkeiten der *Selbstdarstellung*. Nicht alle Urlauber träumen von den in manchen Reiseprospekten so sehr gepriesenen „einsamen Stränden", an welchen sowohl Zuschauer als Akteure fehlen (45).

„Einsam ist es hier nicht, aber das muß auch gar nicht sein. Die Leute sind ruhig und rücksichtsvoll, und man merkt eigentlich gar nicht, dass fast alles belegt ist. Es könnte ruhig etwas mehr los sein." (Sekretärin, 36) – „Was soll ich an einem einsamen Strand? Da wäre es mir schon langweilig." (Bibliothekar, 58)

Wenn auch an den beobachteten Stränden auffällige Inszenierungen selten waren, erschien doch das sehen und gesehen werden wichtig, und verschiedentlich bildete das Aussehen und Verhalten anderer Strandbesucher sowohl innerhalb als auch zwischen Paaren Gesprächsstoff. Auch die Interviews ließen erkennen, dass beobachtet wurde. Die Zurückhaltung bei den Inszenierungen dürfte nicht allein mit der Altersstruktur und der vorherrschenden paarweisen Absonderung zusammenhängen, sondern auch mit kollektiven Mentalitäten (Mitteleuropäer gelten im Vergleich zu Südeuropäern als weniger exaltiert; vgl. z.B. Hennig 1996). Dabei dürfte aber auch die Überlegung eine Rolle gespielt haben, dass man von anderen Strandbesuchern ebenso beobachtet wird, wie man diese beobachtet, woraus der Wunsch resultiert, ihnen keinerlei Anlaß für Kritik zu geben.

Aufenthalt im Wasser, Wassersport und Strandspiele: Abgesehen von einigen ausgesprochen sportlichen Urlaubern – es handelte sich fast immer um dieselben – badete bis kurz vor 10.00 kaum jemand. Stets befanden sich wesentlich mehr Urlauber am Land als im Wasser. Bei den Stichproben zu verschiedenen Zeiten und an verschiedenen Tagen schwankte der Anteil derjenigen, die sich – auch gehend und stehend – im Wasser aufhielten zwischen 0 und 37%. Der durchschnittliche Anteil derjenigen, die bei den Zählungen gerade im Meer waren, betrug 16%.

Die Aufenthaltszeiten im Wasser waren in der Regel kurz und betrugen durchschnittlich etwas weniger als sieben Minuten. Da man in der Regel erst einmal im Waser watete, sich (oder den Partner) bespritzte, sich hinsetzte usw. lagen die reinen Schwimmzeiten sogar noch darunter. 57% der Badenden hielten sich pro Wasserkontakt weniger als 7 Minuten im Meer auf und nur 13% mehr als 10 Minuten. Es gab auch Urlauber – eher Ältere und eher Frauen – die (zumindest während der mehrstündigen Beobachtungszeit) nie ins Wasser gegangen sind.

Das Angebot an Wassersportmöglichkeiten war insgesamt nicht groß. Es gab lediglich einige Tretboote und Surfbretter die – ebenso wie ein Motorboot für Wasserski – nur wenig genutzt wurden. Offenbar haben die aktiveren Gäste den größeren, ca 1 km entfernten Strand von Kolymba aufgesucht. Ansonsten beschränkten sich die sportlichen Aktivitäten auf schwimmen, schnorcheln und im Wasser planschen. Das geringe Angebot wurde von keinem Gesprächspartner beklagt. Spiele im Wasser (z.B. Wasserball, Federball) wurden nur einmal beobachtet.

Strandspiele (Handball, Federball etc. sowie Muschelsuche und der Bau von Burgen und Kanälen) waren insgesamt ziemlich selten, was sowohl mit der Beschaffenheit des Strandes (Kies) als auch der Zusammensetzung der Besucher (wenig Familien bzw. Kinder, wenig jüngere Gäste) zusammenhing. Solche Aktivitäten waren dagegen am Strand von Cala Santa Galdana trotz der höheren Belegungsdichte und damit des geringeren Platzes häufiger (Sandstrand; höherer Anteil von Familien mit kleinen Kindern).

5.4. Kontakt und Kommunikation

Nach Urbain (1994) sind Strände – ähnlich wie Tanzlokale – *Orte körperlicher Begegnungen*. Aufgrund der zeitlichen Begrenztheit und der Unverbindlichkeit des Arrangements verringern sich hier mögliche Berührungsängste, was sowohl die Chancen auf gesellige Interaktionen als auch auf mehr erhöht (vgl. auch Mundt 1989, 1998, S. 201 f.). Dies trifft auf einen großen Teil der Strände sicher zu, aber nicht auf „Lutania Beach" und vergleichbare Orte, die durch ein eher armes soziales Leben charakterisiert sind. So war dort schon die Kommunikation innerhalb der Paare in der Regel wenig intensiv d.h. von geringer Häufigkeit, Dichte und inhaltlicher Bedeutung (46). Da dies z.B. bereits Kentler (1963, S. 28) bei der teilnehmenden Beobachtung einer Jugendgruppe festgestellt hatte, drängt sich die Vermutung auf, dass die reduzierte Kommunikation kein Spezifikum eines höheren Lebensalters bzw. einer längeren Partnerschaftsdauer oder gar die Fortsetzung eventueller häuslicher Öde bedeuten muß, sondern mit der besonderen Situation zu tun haben könnte, nämlich dem Fehlen wichtiger Kommunikationspartner (Kollegen, Freunde, Kunden etc.) und einem offensichtlichen Zustand der Sättigung, der kaum durch Störungen, Anregungen oder Anforderungen unterbrochen wird. Es wurden kaum offensichtliche Konflikte zwischen den Paaren beobachtet, doch kann daraus noch nicht auf Spannungslosigkeit geschlossen werden. Viele Probleme ergeben sich im Urlaub aus der ungewohnten Fülle an gemeinsamer Zeit und den hohen Erwartungen aneinander: „Denn traurig aber wahr: in langjährigen Beziehungen wird nur ganze acht Minuten am Tag gesprochen. Und was, bitteschön, soll man jetzt plötzlich mit den restlichen 1432 Minuten, die ein Tag so mit sich bringt, anfangen? Schnell wird man sich zuviel, das Aufeinandergehocke nervt und dann fallen unschöne Sätze, die man zwar nie aussprechen wollte, aber eigentlich doch so meint. Überrascht merkt man, dass es um die Beziehung gar nicht so gut bestellt ist. Was sonst durch Hektik und Stress im Alltag erfolgreich unterdrückt wird, kommt – schwupp – an die Oberfläche" (tz, 16.6.2000).

Wie die Beobachtungen am Strand von Cala Santa Galdana zeigten, war dort die Kommunikation innerhalb der jüngeren Familien etwas reger. In der Regel beschäftigte sich dort ein Elternteil (oder beide) mit den meist kleineren Kindern, doch erschien die reine Paarkommunikation auch nicht viel „bedeutungsschwerer" als bei den durchschnittlich älteren Rhodos-Urlaubern.

Die Kommunikationsinhalte – soweit erfaßt – waren selten persönlicher oder grundsätzlicher Art. Oft erschöpften sie sich in kurzen Kommentaren zu Zeitungsmeldungen oder Bemerkungen zum Hotel (Essen, Unterbringung, Service). Andere Strandbesucher bzw. deren Verhalten wurden wenig thematisiert, zum einen, weil es kaum Auffälligkeiten gegeben hat, zum anderen, weil man sich offenbar an der Regel „Was du nicht willst, das man dir tu ...." orientiert hat. Wie eher beiläufige Bemerkungen in den Interviews gezeigt haben, haben aber zumindest die Befragten ihre Umgebung durchaus beobachtet und dabei alle möglichen Merkmale registriert und behalten.

Gespräche zwischen den einzelnen Paaren waren weit seltener als Binnenkontakte; ihr Anteil bei den Querschnitten betrug lediglich 6% (s. Übersicht 3). Soweit sie überhaupt stattfanden, handelte es sich um Paare, die gemeinsam verreist waren oder die schon vorher, d.h. auf dem Flug oder im Hotel miteinander ins Gespräch gekommen waren. Der Strand selbst war jedenfalls kein Platz, der eine Kontaktaufnahme begünstigte und er war auch insgesamt kein Ort für ein reges soziales Leben (47). Aber auch abseits des Strandes stellen manche Untersuchungen ein verbreitetes Desinteresse an Mitreisenden fest (z.b. Pfaffenbach 1996, S. 8). Möglicherweise handelt es sich dabei jedoch auch um ein methodisches Artefakt: Weil die Kontaktanbahnung so schwer fällt (s. Kap. 6), wird bei Befragungen vorgegeben, kein Interesse daran zu haben.

Die wenigen Kontakte am Strand beinhalteten meist nur kurze Gespräche mit dem benachbarten Paar (die vor allem die jeweiligen Frauen führten). Anlaß für die Unterhaltungen waren Bitten um kleine Gefälligkeiten (z.B. Fotos machen oder während des Restaurantbesuchs auf die Sachen aufpassen) oder „besondere" (und in der Regel eher irritierende) Ereignisse, z.B. ein überkorrekter Liegestuhlvermieter, ein lautes Motorboot oder eine sehr füllige Dame unter der Stranddusche.

Restaurants und Strandbars waren insgesamt nur mäßig frequentiert und wurden vorwiegend ab Mittag und am frühen Nachmittag und meist paarweise aufgesucht. Wie am Strand gab es auch hier kaum Kommunikation zwischen den einzelnen Paaren, allenfalls ein kurzes Zunicken oder einige belanglose Worte.

Die Annahme, dass im Urlaub generell mehr Aufgeschlossenheit für Kontakte besteht (48) fand durch die vorgenommenen Beobachtungen jedenfalls *keine* Bestätigung, was wohl in erster Linie damit zusammehängen dürfte, dass die meisten Gäste Paare mittleren Alters waren. Im Unterschied etwa zum „Ballermann-Publikum" auf Mallorca (Kallasch 1999) war hier also die gesellig-kommunikative Komponente des Urlauberverhaltens nur schwach ausgeprägt. Die von Cohen (1993, S. 60) bei jüngeren (meist amerikanischen) Individualtouristen in Südthailand Anfang der 80er Jahre beschriebene „Sparsamkeit jeglichen sozialen Lebens an den Stränden" zeigte sich jedenfalls auch bei der hier beobachteten Population. Die geringe Kontakthäufigkeit könnte als Indikator für Hemmungen und geringe soziale Kompetenz interpretiert werden (Nuber 1996), doch bietet sich auch die Erklärung einer relativ hohen Zufriedenheit (bzw. *Sättigung)* der Gäste an. Sie hat sich immer wieder geäußert, nicht nur in den Interviews, sondern auch bei zufällig mitgehörten Tischgesprächen im Hotel oder an der Strandbar. Da negative Ereignisse und Beschwerdegründe, die häufig Kontakte mit anderen Urlaubern initiieren oder forcieren, offensichtlich selten waren – es gab weder lästige Händler noch Lärm, Schmutz, laute Gäste, lebhafte Kinder oder Provokationen – bestand wenig Anlaß zum Austausch von Beobachtungen, zu Entrüstung oder zur Herstellung von Solidarität zwischen den Urlaubern.

Eine weitere Ursache der geringen Kontakthäufigkeit an der Lutania Beach dürfte mit dem Fehlen von Kindern zusammenhängen: Wie die Beobachtungen am Strand von Cala Santa Galdana zeigten, ging ein Großteil der Kontakte zwischen den Familien zunächst von den Kindern aus, woraufhin sich dann mitunter auch die Eltern öffneten. An der Lutania Beach gab es dagegen im Beobachtungszeitraum kaum Kinder im entsprechenden Alter.

Da Einzelbesucher – aber auch gleichgeschlechtliche Dyaden – an den beobachteten Stränden selten waren, konnten auch keine Annäherungs- und Flirtversuche beobachtet werden. Alter und Konfiguration (überwiegend Paare) legen ein geringes Bedürfnis nahe. Selbst wenn einer der Partner diesbezügliche Interessen gehabt hätte, hätte es wohl kaum Möglichkeiten gegeben, einer Realisierung näherzukommen, ohne Konflikte mit dem anderen heraufzubeschwören. Überdies gelten Strände aufgrund fehlender unverbindlicher Interaktionsmöglichkeiten ohnehin nicht als besonders geeignete Kontaktbörsen (Müller 1995, S. 13) und vermutlich trug auch noch die mangels Masse geringe objektive Chance dazu bei, dass Annäherungen zwischen den wenigen alleinreisenden Gästen selten waren: Anders als an den von vielen jugendlichen Singles und lockeren Cliquen frequentierten „Modestränden", etwa auf Mykonos, Ibiza oder Mallorca hätten solche Kontakte aufgrund ihrer Seltenheit auch mehr Aufmerksamkeit erregt. Dies bedeutet aber nicht, dass keine diesbezügliche Wünsche bestanden:

„Mir gefallen sie (...) aber ansprechen würde ich nie eine. Ich mache es zuhause nicht, warum sollte ich es hier machen? Die einen sind von Haus aus arrogant, die anderen desinteressiert und dann gibt es sicher auch hier militante Feministinnen, die es schon als „Angriff auf ihre Integrität" sehen, wenn man versuchen würde, mit ihnen ins Gespräch zu kommen. Aber schauen kann man ja trotzdem. (...) ich würde nichts machen. Ich bin nicht der Typ dazu, da bin ich schon zu alt und zu schwerfällig. Einen flotten Spruch, ein paar flapsige Worte, das ist nicht meine Art. Und ich wüßte nicht, wie man über ernsthaftere Dinge reden könnte. Außerdem: die sind zu dritt, und ich bin allein, und wenn ich dann wegginge, würden die bloß über mich reden." (Bibliothekar, 58)

Bedeutet die insgesamt geringe Häufigkeit von Außenkontakten, dass die anderen Urlaubern im Prinzip eher stören und nur als unvermeidbare Statisten hingenommen werden, und man eigentlich am liebsten allein zu zweit an einem einsamen Strand sein würde – wie es Werbeklischees so oft suggerieren? Dies ist offenbar nicht der Fall, eignen sich (manche) andere Besucher(innen) doch sowohl als mehr oder weniger interessante Beobachtungsobjekte und als Initiatoren „stiller Erlebnisse" als auch als Publikum von Selbstdarstellungsbemühungen.

Generell herrschte zwischen den einzelnen Nationalitäten ein respektvoll-höfliches Nebeneinander vor, was durch das allgemeine Wohlverhalten (keine laute Musik, Beachtung ausreichender Distanzen etc.) gefördert wurde. Die Kommunikation mit Touristen aus anderen Ländern war (zumindest am Strand) gering. Die auch in anderen Untersuchungen bestätigte geringe Neigung, mit Urlauber anderer Nationalität Kontakt aufzunehmen (49) läßt sich wohl in erster Linie mit den hohen Kosten und geringen Profiten solcher Kontakte erklären. Eine geringe Kontakthäufigkeit ist dabei durchaus mit einer positiven Beurteilung der anderen Nationalitäten vereinbar (Pfaffenbach 1996, S. 9).

Abgesehen von Liegestuhlvermietern, Bootsverleihern und den Kellnern und Wirten der Strandbars waren vor allem an den Hotelständen kaum Einheimische zu sehen, und entsprechend selten waren Kontakte, die über das Bezahlen der Liegestühle hinausgehen. Die meisten Strandbesucher – Männer mehr als Frauen – wechselten einige belanglose

Worte mit dem Kassierer, worin sich auch der Strandkontakt mit Nicht-Landsleuten (und meist auch schon mit Personen außerhalb der Dyade) erschöpfte.

Von den befragten Urlaubern hatte niemand etwas an der relativ abgeschlossenen Urlauberenklave auszusetzen:

„Es ist ein gegenseitiges Tolerieren, eine Symbiose. Sie verdienen mit uns Geld und wir stören sie nicht weiter. Und sie wissen das zu schätzen, denn geschäftstüchtig sind sie ja. Was mich wundert und was ich angenehm finde, ist, dass man hier nicht von fliegenden Händlern belästigt wird. Vermutlich haben sie gemerkt, dass auf diese Weise nicht viel verdient wird, und dass man die Gäste hier bloß vergrault." (Betriebswirt, 46)

„Die Leute im Hotel sind nett und freundlich, und auch in den Geschäften am Ort und im Restaurant. Aber persönliche Kontakte entstehen damit natürlich nicht. Aber was solls? Hätte man sich denn was zu sagen? Die Sprachkenntnisse fehlen, und die Lebensumstände und Interessen sind zu unterschiedlich. Wenn man hier dauernd leben würde, wärs was anderes, aber auch dann würde es lange dauern, bis ein näherer Kontakt zustande käme." (MTA, 41)

„Ich finde es ganz gut, dass man hier unter sich ist. Sie (die Einheimischen) würden mich nicht stören, aber irgendwie fühlt man sich auch freier ohne sie. Wir vertreiben ja niemanden, aber die müssen arbeiten, haben andere Interessen oder gehen wo anders hin, wo mehr los ist." (Sachbearbeiterin, 38)

5.5. Regeln und Grenzen

Entgegen mancher Vorurteile und mitunter auch dem ersten Anschein widersprechend sind Strände – obgleich in mancher Hinsicht Gegenwelten zum normalen Alltag – keine Zonen grenzenloser Freiheit (vgl. dazu besonders Urbain 1994, Kaufmann 1996, Fiske 2000). Sowohl offizielle als auch inoffizielle und oft sehr subtile Normen regeln das enge räumliche Beisammensein zahlreicher, einander größtenteils unbekannter Menschen und tragen zu einem bemerkenswert spannungsfreien Mit- und Nebeneinander bei.

Bei der Beschäftigung mit Regeln und Regelverletzungen am Strand wollen wir uns auf „Respektierung von Distanz", „Lärm, Sauberkeit und Umweltschutz", „Lärm", „oben ohne" und „Körperkontakte" beschränken. Dabei sollen lediglich einige Beobachtungen zu häufiger erwähnten und mitunter als konflikthaft beurteilten Aspekten des Strandlebens geschildert werden (dazu z.B. Sester 1992, Kallasch 1992, Cohen 1993), ohne dabei aber selbst die entsprechenden Verhaltensweisen als „angemessen" oder „abweichend" zu klassifizieren. Ob nämlich ein bestimmtes Verhalten als „Abweichung" oder „Grenzüberschreitung" gilt, hängt davon ab, auf *welches* Regel- und Normensystem man sich bezieht: auf das des Zielgebietes (wobei hier meist noch regional und lokal zu differenzieren wäre), auf das der Touristen oder auf das einer konkreten Freizeit- und Strandkultur (um nur einige Abstraktionen zu nennen). So können z.B. bestimmte Arten von Lärmemission ganz unterschiedliche Bewertungen erfahren. Die oft „automatisch" vorgenommene Fokussierung auf das erstgenannte Bezugssystem eines (in den Vorstellungen mehr als in der Realität) relativ geschlossenen – vielfach national definierten – Anpassung fordernden Werte- und Normensystems erscheint unbefriedigend, weil erklärungsarm (50). Erst in Wechselwirkung mit den von den Touristen mitgebrachten Orientierungen und mit anderen Einflüssen (z.B. globale Trends, Moden, persönliche Einflüsse von Autoritäten und Meinungsführern) entsteht eine konkrete Freizeit- und Strandkultur, die auch bestimmte Normen und Standards setzt, auch wenn diese mitunter schwer faßbar erscheinen. Zwar gelten Badestrände als tolerante Plätze, an welchen sich normalerweise strenger beachtete Normen lockern oder lösen (Kaufmann 1996, S. 239 ff.; Hennig 1997, S. 27), doch handelt es sich deshalb um keine anomischen, d.h. „normlosen" Räume. Welche informellen Standards an solchen touristischen Enklaven gelten, kann oft erst vor Ort erfahren werden, weshalb dort „den anderen" und deren Beobachtung entscheidende Bedeutung zukommt, d.h. es besteht ein hoher Grad an *Aussenleitung* (Riesman 1958).

Wie besonders Kaufmann (1996, S. 247 ff.) gezeigt hat, ist die verlautbarte Toleranz überdies oft nur *vordergründig,* hängt von mancherlei

Umständen (Belegungsdichte, Mentalität, Art des gezeigten Verhaltens usw.) ab und bedürfte einer kritischen Überprüfung. Befragungsergebnisse drücken eher soziale Erwünschtheit als persönliche Liberalität aus; aufschlußreicher erschienen Reaktionen auf Abweichungen in realistisch wirkenden Feldexperimenten (51).

a) Respektierung von Distanz: Angesichts der reduzierten Außenkontakte sollte es nicht überraschen, dass die einzelnen Paare auf Abstand und Abgrenzung bedacht waren. Dies zeigte sich auch daran, dass – soweit noch möglich – selten benachbarte Plätze gewählt wurden (s. o.), was möglicherweise auch als Hinweis auf ein ausgeprägteres Territorialverhalten besonders deutscher Strandbesucher gesehen werden kann (zusammenfassend Hellbrück & Fischer 1999, S. 347 f.). Wie erwähnt, war die Platztreue im allgemeinen recht groß, so dass man in etwa immer dieselben Nachbarn hatte. Diese wurden aber nur kurz (oder auch gar nicht) begrüßt. Gesprächskontakte kamen – wenn überhaupt – erst nach einiger Zeit zustande.

Die in gleichen Entfernungen zueinander fest installierten Sonnenschirme waren keine Garantie dafür, dass entsprechende Abstände zwischen den Liegen auch immer eingehalten wurden: Wer auf Schatten bedacht war, mußte „wandern", und wenn die Nachbarn ihre Liegen nicht ebenfalls umstellten, konnte es vorkommen, dass man sich sehr nahe rückte. Da sich aber – im Unterschied zum Strand von Cala Santa Galdana und zu anderen bislang besuchten Stränden – die Besucher meist auf die vorgesehenen Plätze beschränkten und in der Regel nicht dazwischen auf Luftmatratzen, Matten und Handtüchern lagerten, betrug der Mindestabstand selten weniger als zwei Meter. So wurden auch nie Auseinandersetzungen deswegen beobachtet, und in den wenigen Fällen, in denen die Distanz offenbar als zu eng empfunden wurden, reichten Blickkontakte, um einem weiteren Näherrücken Einhalt zu gebieten.

Aufgrund der größeren Belegungsdichte und der nicht fest installierten Sonnenschirme waren die Abstände zwischen den Liegen am Strand von Cala Santa Galdana geringer, zumal der warme Sand auch Liegen „besitzer" dazu verführte, sich daneben auf den Boden zu legen (womit sich der Abstand zum Nachbarn verringerte). Vor allem jüngere Besucher verzichteten ganz auf Liegen und Schirm (letzterer wurde zum Teil mitgebracht) und begnügten sich mit einer Luftmatraze oder einem Handtuch, das zwischen die Liegen und mitunter nur wenige Zentimeter entfernt vom nächsten Besucher plaziert wurde. Dies erregte zwar verschiedentlich wahrnehmbaren Unwillen (Blicke; mitunter auch leise Kommentare zum Begleiter, besonders wenn es sich bei den Eindringlingen um Angehöriger anderer Nationen handelte, d.h., wenn man davon ausgehen konnte, nicht verstanden zu werden), doch ließ man sich deswegen nicht auf einen Disput ein, und der Platz wurde auch nicht geräumt, selbst wenn es in der Nähe noch freie Liegen gab. Auch wenn es unangenehm war, wollte man sich offenbar nicht vertreiben lassen, doch war häufiger zu beobachten, dass allzu „Bedrängte" kurzzeitig den Platz verließen, entweder um zu schwimmen, für kurze Strandwanderungen oder zum Besuch einer nahegelegenen Strandbar.

Bei einer Annäherung von kleinen Kindern ließen sich dagegen keine Anzeichen von Mißmut feststellen. Die meisten Erwachsenen reagierten sogar ausgesprochen freundlich und entgegenkommend darauf, und in manchen Fällen haben Kinder auch Gesprächskontakte initiiert.

b) Umweltschutz und Sauberkeit: Die beobachteten Strände waren – zumindest dem Augenschein nach – sauber (Cala Santa Galdana) bzw. sehr sauber (Lutania Beach, Ixia), woran auch die Besucher Anteil hatten, indem sie kaum etwas liegen ließen. Entweder wurden die in regelmäßigen Abständen aufgestellten Behälter benutzt oder die Abfälle mitgenommen und im Hotel entsorgt. Rundgänge ab 18 Uhr, als der Strand in der Regel bereits menschenleer war, ließen jedenfalls nur wenige Überreste vom Tag erkennen. Andererseits fanden es nur wenige Besucher der Mühe wert, die benutzten Schaumgummiauflagen vom Kies zu säubern oder gar zu den Stapelplätzen zurückzutragen:

„Warum soll ich das tun? Dafür sind doch die Kassierer zuständig. Wenn wir das selbst machen würden, würden wir denen doch ihre Arbeitsplätze wegnehmen. Das wär denen gar nicht recht." (Bibliothekar, 58)

Hinsichtlich Sauberkeit zeigten sich – trotz der dichteren Belegung – am Strand von Cala Santa Galdana nur geringe Unterschiede zur Lutania-Beach. Lediglich an den Grenzen des Strandes, die vornehmlich von Cliquen Jugendlicher und junger Erwachsenen okkupiert waren (meist Einheimische und Festlandspanier), blieben größere Mengen Müll (Getränkedosen, Zigarettenschachteln, Flaschen) zurück. Die Lärmbelästigung an der Lutania Beach und am Strand von Ixia war gering bzw. überhaupt nicht vorhanden. Abgesehen von gelegentlichen Motorbooten und Wassermopeds gab es so gut wie keine Lärmquellen. Dies wurde von den Befragten durchwegs positiv beurteilt:

„Gut ist, dass es hier ruhig ist. Fast nur Leute in unserem Alter, und die schätzen doch die Ruhe, und darauf haben die sich hier eingestellt. Ich hab mir das extra auch deshalb ausgesucht und bin zufrieden." (MTA; 41) – „So ein bißchen mehr griechische Volksmusik aus den Restaurants würde mich nicht stören. Aber dass es sonst keine Musik- oder Krachberieselung gibt, find ich toll. Letztes Jahr waren wir auf Mallorca. Einmal und nie wieder, zumindest an diesem Strand. Ganz viel junge Leute und nur diese scheußliche Popmusik." (Betriebswirt, 46) – „Für ihn (den Motorbootverleiher) ist es nicht gut, aber für uns. Nur selten ein Motorboot und keines von diesen idiotischen Wassermopeds, die soviel Krach machen." (Bibliothekar, 58)

Am Strand von Cala Santa Galdana ging es – aufgrund der dichteren Belegung, der Kinder und des insgesamt jüngeren Publikums – zwar lebhafter zu, doch war der Geräuschpegel immer noch moderat. Die gelegentlich penetrante Musikbeschallung aus den Strandbars verursachte keine wahrnehmbaren Unmutsäußerungen. Nach dem Bad wurde zumeist – von Frauen häufiger als von Männern – die Süßwasserdusche aufgesucht (auf Menorca wesentlich seltener). Obgleich einige Benutzer die Dusche sehr ausgiebig – in Anbetracht der relativen Wasserknappheit wohl zu ausgiebig – nutzten, wurde der Hahn nach dem Duschvorgang stets wieder zugedreht – sofern nicht gerade jemand anstand.

c) *„Oben ohne"* ist an den meisten Stränden des Mittelmeeres verbreitet (52). An den systematisch beobachteten Stränden praktizierten es durchschnittlich 43% (Lutania Beach) bzw. 22% (Cala Santa Galdana).

Der deutlich höhere Anteil freizügiger Touristinnen an der Lutania Beach und am Strand von Ixia dürfte in erster Linie auf die Herkunft der Strandbesucherinnen zurückgehen: Während sich an den beiden beobachteten Stränden auf Rhodos überwiegend Deutsche, Österreicherinnen und Tschechinnen bzw. Niederländerinnen aufhielten, kamen am Strand von Cala Santa Galdana etwa 50% der Gäste aus Großbritannien und auch der Anteil der Spanierinnen (sowohl Einheimische als auch vom Festland) war relativ groß (ca 10-20%).

Ausmaß und Verbreitung der Emanzipation am Strand hängen neben der Nationalität (Touristinnen aus Frankreich, den Niederlanden, Mitteleuropa oder den skandinavischen Ländern gelten in dieser Hinsicht als freizügiger als solche aus Großbritannien, den USA oder Südeuropa) von einigen weiteren Faktoren ab (s. Kiefl & Marinescu 1999), so z.B.:

– Von der Belegungsdichte: mit zunehmender räumlicher Distanz wird der Anteil der „oben ohne"-Anhängerinnen größer;
– vom Lebensalter: jüngere Frauen sind in der Regel aufgeschlossener;
– von der Tolerierung bzw. Sanktionierung im Zielgebiet: Gerade in Griechenland hat z.B. in den 80er Jahren in dieser Hinsicht eine bemerkenswerte Liberalisierung stattgefunden (vgl. z.B. Klinkert 1987, Marinescu & Kiefl 1991, S. 96 ff.);
– von der Art des Strandes (an Hotelstränden relativ häufiger als an öffentlichen Stränden).

Eine wesentliche vermittelnde Bedeutung dürfte dem Beispiel der anderen zukommen, das insbesondere in unklaren bzw. wenig strukturierten Situationen zur Orientierung und Verhaltenssicherheit wichtig ist. Ist z.B. der Anteil derjenigen ohne Oberteil bereits erheblich, nimmt die Bereitschaft zum Ablegen zu, während eine größere Seltenheit mehr Hemmungen aufkommen läßt:

„Ich finde es einfach angenehmer, aber ich möchte nicht auffallen. Wenn es genügend andere machen, also z.B. ein Viertel oder ein Drittel, mache ich es auch. Aber wenn es nur wenige sind, lasse ich es lieber bleiben." (kfm. Angestellte, 44)

Im Unterschied zu den Beobachtungen von Kaufmann (1996, S. 116) war das freizügige Baden auch bei den reiferen Besucherinnen relativ häufig:

„Hier habe ich keine Probleme damit, weil es hier auch viele machen, die nicht mehr so jung sind. Zuhause im Bad ist das anders. Da sind es hauptsächlich die jungen schlanken Mädchen, und da komme ich mir dann alt vor. Hier nicht, hier gehöre ich zu den jüngeren, und das tut mir auch mal wieder ganz gut." (kfm. Angestellte, 44)

Obgleich die meisten Frauen hinsichtlich des „oben ohne" im Laufe des Beobachtungszeitraums ihrem persönlichen Stil treu geblieben sind, gab es einige Veränderungen, jedoch immer nur im Sinne von Lockerungen, indem eine zunächst eher zurückhaltende Praxis nach einigen Tagen zugunsten einer freizügigeren aufgegeben wurde. Wie anhand der unterschiedlichen Bräunung zu erkennen war, praktizierten es einige Besucherinnen – zumindest in diesem Jahr – zum erstenmal, offenbar ein Hinweis darauf, dass in der Urlaubssituation – fern von der üblichen sozialen Kontrolle – Verhaltensweisen gezeigt werden, die unter den weniger anonymen Bedingungen im Herkunftsland bzw. am Herkunftsort unterbleiben, d.h. dass weniger das in dieser Hinsicht immer noch relativ restriktive „offizielle" Normensystem des Zielgebietes gilt, als das Beispiel der anderen Strandbesucherinnen. Der Strand hat hier – abweichend von den Gepflogenheiten der Einheimischen als auch denjenigen der Herkunftsgesellschaft – ein eigenes Normensystem entwickelt:

„Zu Hause mach ich es weniger. Ich komme aus R. (einer hessischen Kleinstadt). Da geniere ich mich. Aber hier ist es ganz normal, da denke ich mir nichts." (Sachbearbeiterin, 38)

Die „oben-ohne-Etikette" (Kiefl & Marinescu 1999, S. 148 ff.) wurde an der Lutania-Beach aber weniger rigide als in deutschen Schwimmbädern gehandhabt. Nur wenige der Damen mit Monokini zogen das Oberteil an, wenn sie ins Wasser gingen oder kurze Strandspaziergänge machten. Auch auf dem Weg zur Dusche wurde das Oberteil – ebenfalls im Unterschied zum Freibad – in der Regel nicht eigens angezogen.

d) Intensivere körperliche Kontakte (umarmen, küssen, streicheln usw.) kamen – abgesehen vom teilweise zärtlich anmutenden Rückeneincremen – kaum vor, was zum einen mit dem Alter der Gäste (und der dann in der Regel eher längeren, d.h. abgesättigten Partnerbeziehung) zusammenhängen dürfte, zum anderen aber mit den Hemmungen, sich an einem öffentlichen Ort Berührungen oder gar Zärtlichkeiten zu erlauben, zumal man sich dessen bewußt gewesen sein dürfte, dass man ebenso beobachtet wird, wie man andere beobachtet. Am Ende des Strandes, wo vermehrt jüngere Individualtouristen lagerten, war der Austausch von Zärtlichkeiten dagegen häufiger. Auch am Strand von Cala Santa Galdana kamen intensivere Berührungen und (meist) dezente Liebkosungen – in erster Linie wohl aufgrund der im Durchschnitt jüngeren Besucher – etwas öfter als an der Lutania Beach vor. Insgesamt fielen aber auch dort solche Verhaltensweisen kaum auf.

5.6. Stille Erlebnisse

Sind Strandurlauber Erlebnisurlauber? Die Beantwortung dieser möglicherweise provokativen Frage hängt natürlich von der einem Erlebnis zugrundeliegenden Definition ab. Damit ein Vorgang zum Erlebnis wird, bedarf es des Zusammenwirkens von drei Komponenten, wie Vester (1999, S. 14 f.) meint:

a) kognitive Komponente: Ein Erlebnis setzt die Wahrnehmung von Kontrasten und Differenzen voraus, die jedoch ein gewisses Ausmaß nicht übersteigen sollten, da die Wahrnehmung andernfalls als Provokation, Streß oder Belastung empfunden wird. Dabei gibt es große individuelle Unterschiede, für die die teilweise angeborene, teilweise in der frühen Kindheit erlernte Reaktionsschwelle des für Informations- und Gefühlsverarbeitung zuständigen Gehirnbereichs verantwortlich ist (Nuber 1996, S. 24).

b) affektiv-emotionale Komponente: nur wenn die Kontrastwahrnehmung von affektiven Prozessen begleitet wird, d.h. wenn Emotionen angesprochen werden, tritt ein über das intellektuelle Wahrnehmen hinausgehendes Erlebnis ein. *Ohne Emotion kein Erlebnis.* (53)

c) Verhaltenskomponente: Ein „komplettes Erlebnis" liegt nach Vester aber erst dann vor, wenn Wahrnehmungen und Emotionen verhaltensrelevant werden, d.h. Handlungen nach sich ziehen. Das Zusammenwirken dieser Komponenten als fließende und sich verstärkende Bewegung führt zu einer ganzheitlichen Erfahrung, in der Wahrnehmung, Emotion und Verhalten miteinander verbunden sind.

Nach der hier skizzierten Auffassung von Vester kann dem in der vorliegenden Studie skizzierten Strandurlaub – aufgrund bloßer Beobachtung – zumeist wohl kein ausgeprägter Erlebnischarakter zugeschrieben werden, denn die registrierbaren Aktivitäten waren ziemlich begrenzt und die Urlauber hatten offenbar nur wenig Bedürfnisse (und/oder sahen nur geringe Möglichkeiten), Wahrnehmungen und Emotionen umzusetzen. Anders dagegen, wenn man sich auf die kognitive und emotional-affektive Komponente beschränkt und die Verhaltenskomponente als zweitrangig betrachtet. Schönhammer (1993, S. 135) betont mit Recht, dass „Träume lebendiger sein (können) als Handlungen" und selbst Vester (1999, S. 15) gibt zu, dass „stille Kontemplation" ein Erlebnis sein kann.

Ob ein Vorgang als „Erlebnis" gilt, ist danach mehr eine Sache der subjektiven Bewertung als der „objektiven" Zuschreibung. Es ist von einer großen inter-individuellen (und auch intra-individuellen, denn Wahrnehmung und Emotion variieren auch im Verlauf eines Lebens) Variabilität auszugehen. Sie hängt von sozialen, kulturellen, sozioökonomischen, psychosozialen und biographischen Faktoren (wie z.B. von der Sozialschicht, vom Lebensalter, vom individuellen Erwartungs- und Anspruchsniveau, vom Wahrnehmungs- und Differenzierungsvermögen, von den Bedürfnissen, Motiven und Erwartungen usw.) und deren Zusammenwirken ab. „Einmal bedient werden" kann ein Erlebnis für jemanden sein, der sich bislang nur immer selbst in einer dienenden Funktion gesehen hat. Ebenso kann „Zeit haben", etwas „ausgefallenes tun", „sich anders definieren und präsentieren", z.B. „König" oder „Bauer" für begrenzte Zeit sein (Gottlieb 1993) zum Erlebnis werden. Ein zeitweiliger Wechsel der Umgebung erleichtert die Verwirklichung solcher Wünsche oder macht sie überhaupt erst möglich. Entscheidend ist, dass ein bloßes Ereignis erst durch die persönliche Bedeutung Erlebnisqualität erhält.

Auch dem äußerlich eher ereignisarmen Strandurlaub können somit Erlebnisqualitäten zukommen: Abhebung vom Alltag, Zeitsouveränität, Suspendierung beengender Regeln, Konventionen und Kleidungsstücke, die zeitweilige Übernahme einer anderen Identität und die Möglichkeit, sich in neuen Rollen zu versuchen, Kontaktchancen (auch wenn nicht realisiert), reichlich vorhandene Anreize für Tagträume und Phantasiereisen u.a.m. sorgen für Erlebnisse, die sich im vertrauten Umfeld schwerer herstellen lassen. Die in den Interviews geäußerte Zufriedenheit, aber auch die Frequentierung des Strandes zeigen, dass beobachtbare (und interpretierte) „Erlebnisarmut" nicht subjektiven Erlebnismangel beinhalten muß.

Dies bedeutet aber nicht, dass Gedanken über das Verhältnis von Erlebnismöglichkeiten und Erlebnisbedürfnisse überflüssig sind. So stellt sich im konkreten Fall die Frage, nach welcher Art von Erlebnissen (scheinbar) saturierte Paare suchen bzw. ob Ausruhen, etwas schwimmen und einige stille Erlebnisse tagsüber (und Einkaufen, Essen und Trinken in den Abend- und Nachtstunden) genügen. Noch scheinen solche Überlegungen vielen entbehrlich – in erster Linie wohl aufgrund der meist auf zwei Wochen begrenzten Urlaubsdauer. Mit einer Verlängerung des Aufenthalts dürfte die Wahrscheinlichkeit von Sättigung, Spannungslosigkeit und Überdruß (aufgrund mangelnden Inputs, d.h. zu wenig Anregungen) einerseits und von Unruhe andererseits zunehmen. Erlebnisfülle (unabhängig ob es sich um eher spektakuläre oder stille Erlebnisse handelt) verlangen nach Ausdruck („Eindruck ohne Ausdruck macht Druck"), womit sich ein noch weitgehend ungenutztes und durch die übliche Animation kaum abgedecktes Potential für eine qualitative Steigerung des Urlaubsgenusses anbietet. Die am Ende des

Urlaubs häufig gemachte Beobachtung, dass es nun genug sei und man sich aufs Heimkommen, den Alltag und die Arbeit freue, ist der positive Aspekt der Sättigung, die sich – aus der Sicht der Branche – natürlich nicht zu früh einstellen sollte.

6.
Künstliche Ferienwelten

„Man sollte die Touristen nicht deklassieren, die lieber eine ästhetische 'künstliche' Ferienwelt als eine häßliche 'echte' aufsuchen."
(Felizitas Romeiß-Stracke 1998, S. 139)

All-Inclusive-Anlagen, Clubs, Kreuzfahrschiffe, aber auch Erlebnis- und Themenparks und andere Arten arrangierter Ferienwelten sind der ebenso konsequente wie erfolgreiche Versuch, die Freizeitkultur der modernen Zivilisation in anderen Umgebungen anzusiedeln und dabei unerwünschte Ein- und Auswirkungen für Touristen und Bereiste zu kontrollieren (Falksohn 1997). Im Gegensatz zu vielen Tourismuskritikern und in Übereinstimmung mit den Urlauberentscheidungen finden solche Einrichtungen durchaus ihre – mehr oder weniger entschiedenen Befürworter und Apologeten (54). Arrangierte Ferienwelten können als *Annäherungen an paradiesische Zustände* betrachtet werden, in denen (aus der Sicht der Touristen) Erwünschtes und Angenehmes intensiviert (z.B. körperliches und seelisches Wohlbefinden, Freizügigkeit, Beachtung, Aufwertung, Erfolgserlebnisse, Kommunikation, neue Kontakte, Gemeinschaftserlebnisse, Kreativität) und Unerwünschtes und Unangenehmes (z.B. Kriminalität, Schmutz, ästhetisch unerfreuliche Anblicke, Restriktionen, Probleme) gezielt ausgesperrt werden. Dies sowie eine möglichst perfekte Organisation, Inklusivpreise, umfassende Sport- und Unterhaltungsangebote, gehobene Gastronomie, anheimelnde Bungalowarchitektur und Animation machen ihre Beliebtheit aus, ohne aber die Gäste in harmonischer Langeweile zu ersticken: Konkurrenzkampf (z.B. beim Sport), Cliquenbildung und das Präsentieren von Statussymbolen spielen durchaus eine Rolle (Scherer 1995, S. 54), doch scheint gerade darin, d.h. in der Chance, spielerisch zu Erfolgserlebnissen zu kommen, ein besonderer Reiz zu liegen.

Kritiker werden nicht müde, den sich im wesentlichen darauf konzentrierenden Urlaubern vorzuhalten, auf was sie aufgrund ihrer selbstauferlegten Beschränkung durch die Flucht in eine Scheinwelt verzichten und welche Chancen sie verpassen (z.B. Heider 1992; Burghoff & Kresta 1996). Mitunter wurden arrangierte Ferienwelten (55) auch schon mit atomaren Wiederaufbereitungsanlagen, Konzentrationslagern, Intensivstationen und psychiatrischen Kliniken verglichen (zusammenfassend dazu Hennig 1999, S. 167 f.).

6.1. Abwertungsgründe

Ein häufig genannter Vorwurf lautet, dass Besucher arrangierter Ferienwelten (dazu gehören All-Inclusive-Touristen, Cluburlauber, Kreuzfahrtpassagiere und Besucher von Freizeit- und Vergnügungsparks) keinen Anteil an Land, Leuten und Lebensverhältnissen im Zielgebiet nehmen. Aber warum sollten sie auch? Schließlich hat sich der Großteil nicht zur Durchführung ethnologischer Studien auf Reisen begeben. Klagen über Oberflächlichkeit und Desinteresse moderner Pauschaltouristen übersehen, dass zwischen der Befriedigung zentraler Bedürfnisse und dem Reisen keine notwendige, sondern lediglich eine historische Beziehung besteht: „Tourismus, wie wir ihn heute kennen, ist keineswegs die einzige moderne Reiseform. Er ist – im Bereich des Reisens – Reaktion auf gesellschaftliche Entwicklungen, die einerseits eine grundlegende Umwälzung der Produktionsverhältnisseund des Alltagslebens hervorbrachten, die andererseits aber aber auch eine immense und noch stetig steigende Ausweitung der Erfahrungs- und Erlebnisräume bedeuten" (Lutz 1992, S. 240). Hlavin-Schulze (1999, S. 173) führt diesen Gedanken weiter aus: „Tourismus ist eine historische Form des Reisens – eben die aktuelle. Unsere heutige, unruhige Erlebnisgesellschaft ist voll von Individuen auf der Suche nach sich selbst, nach Lebenssinn – und, ganz wichtig: Nach Orientierung. Um im Bereich des Tourismus derartige Bedürfnisse abzudecken, entstand mit der auf ökonomischen Gewinn ausgerichteten Serienanfertigung ein neuer Industriezweig – die Vergnügungsparks."

Viele Urlauber, so z.B. Disneyland-Besucher oder Mallorca-„Ballermänner", ignorieren bewußt das vielen Kritikern so wichtige Element einer populären (d.h. sich auf Überlieferungen und/oder klischeehafte Bilder gründenden) *Authentizität.* Dahinter mag auch eine mehr oder weniger reflektierte Protesthaltung stecken, indem man sich durch die exzessive Ausübung regressiver Verhaltensweisen (z.B. „Kampftrinken") provokativ von den abgelehnten „Bildungstouristen" absetzt. Manchen ist die vielbeschworene Authentizität aber einfach nur gleichgültig. Klimatisch garantiertes Sonnen und Baden ist eben nur anderswo möglich, und so wird die räumliche und kulturelle Veränderung in Kauf genommen. Für Dritte hat (populäre) Authentizität allenfalls instrumentellen Wert, z.B. als Mittel, das eigene Prestige in den heimischen Bezugsgruppen zu erhöhen, und zumindest vielen intelligenteren Touristen ist (wie auch den Einheimischen) bewußt, dass oft nur *Inszenierungen* unter dem Deckmantel des Echten stattfinden (Schrutka-Rechtenstamm 1999, S. 101).

Die Kategorie der „Authentizität" zur Klassifikation und Bewertung touristischen Erlebens ist auch deshalb fragwürdig, weil sämtliche touristische Szenarien sowohl als „künstlich" als auch als „authentisch" betrachtet und beschrieben werden können (56). *Authentisch ist, was subjektiv als authentisch wahrgenommen wird,* d.h. Authentizität ist nichts Vorgegebenes, sondern wird konstruiert. Die Erlebnisse in modernen Freizeit- und Vergnügungsparks oder Ferienclubs sind genausoviel oder genausowenig „künstlich" wie die von Besichtigungsreisenden. Nur die Gewohnheit zieht hier eine Trennlinie. Warum findet man es normal, ehrfürchtig vor den Pyramiden zu stehen und Neuschwanstein oder Disneyland zu belächeln? Könnte es nicht auch umgekehrt sein?

6.2. *Zur Attraktivität arrangierter Ferienwelten*

Arrangierte Ferienwelten decken einen Großteil der Urlauberwünsche moderner Menschen ab, indem sie perfekte Organisation, Sicherheit, Freundlichkeit, Toleranz, Freizügigkeit, Inklusivpreise, Entlastung von

Entscheidungszwängen, umfassende Animations- und Unterhaltungsangebote und nicht zuletzt die Förderung eines (auf den Urlaub beschränkten) identitätsstiftenden „Wir-Gefühls" als Kontrast zur sonst erlebten Anonymität bieten. Sofern die klimatischen Bedingungen erfüllt sind, ist das geographische und kulturelle Umfeld dieser Paradiese vielfach zweitrangig, und ein Teil verzichtet konsequenterweise auch darauf, es überhaupt näher in Augenschein zu nehmen (Heider 1992, Pfaffenbach 1996, S. 7).

Der Sinn arrangierter Ferienwelten besteht im Unterschied zum traditionellen Reisen weniger darin, sich vom Fremden „ergreifen" zu lasssen (bzw. sich dieses einzuverleiben) als darin, *bestimte bekannte und geschätzte Erlebnis- und Erfahrungsmöglichkeiten konzentriert wahrzunehmen* und andere bzw. das Alltägliche nach Möglichkeit auszublenden – gemäß dem Motto, dass sich kluge Menschen die Erfahrungen aussuchen, die sie zu machen wünschen. Gegen eine solche Haltung wird mitunter der Einwand vorgebracht, dass es auf diese Weise zu einer Abschottung gegenüber möglichen neuen Erfahrungen bzw. zu einer Zementierung von Vorurteilen komme. Das mag sein, doch verreisen die wenigsten, um ihr volkspädagogisches Soll an Vorurteilsbekämpfung zu erfüllen – abgesehen davon, dass bei einem Großteil der Besichtigungstouristen auch nichts anderes stattfindet, denn auch sie suchen neben dem klischeehaft-pittoresken (Hennig 1999) oft nur das *Vertraute* auf, worauf man sich in den Zielgebieten auch einstellt.

Beim immer beliebteren „All-inclusive-Urlaub" als konsequenter Weiterentwicklung der Pauschalreise handelt es sich weniger darum, Erlebnisse auszuschließen, als sie noch stärker zu selektieren. Insbesondere das ständige Bezahlen und damit die Erinnerung an begrenzte Ressourcen – Wermutstropfen für manche Urlaubsfreuden – bleibt einem so erspart. Natürlich läßt dies auch die Tourismuskritiker nicht kalt. So beklagen sie sich darüber, dass sich die Urlauber nicht aus ihren Anlagen herauslocken lassen und vermuten dahinter in erster Linie finanzielle Argumente (AZ, 10.6.2000). Dies mag sicher oft eine Rolle spielen, reicht aber alleine nicht aus: auch der haushälterische Umgang mit der begrenzten Urlaubszeit und die quasi-paradiesischen Verhältnisse in den Anlagen lassen die Opportunitätskosten von Exkursionen ansteigen.

6.3. Anforderungen an Ferienwelten

Arrangierte Ferienwelten sind aber nur insoweit in der Lage, die ihnen zugedachte Funktion als Garanten erwünschter Erfahrungen zu erfüllen, als sich ihre Planer, Erbauer und Betreiber auf zutreffendes Wissen über die manifesten und latenten Bedürfnisse potentieller Gäste stützen können bzw. diese berücksichtigen. Konzepte, die nicht die (kurz- und langlebigen, bewußten und unbewußten, erlaubten und unerlaubten) Sehnsüchte ihrer Besucher abdecken oder – besser – um sie zentriert sind, werden auf Dauer nicht erfolgreich sein. Es würde damit an den (freilich manipulierbaren und manipulierten) Bedürfnissen vorbeiproduziert, und es gibt Beispiele dafür, dass die in Frage kommenden konsumkräftigen Zielgruppen nicht genau genug identifiziert oder wichtige kulturelle Gegebenheiten nicht angemessen berücksichtigt wurden (57).

Ein Problem besteht darin, dass Erwünschtes und Unerwünschtes subjektiv sehr verschieden sind. Generell möchte man zwar weder Stechmücken noch Warteschlangen erleben, doch bei bestimmten dramatischen Eregnissen scheiden sich bereits die Geister. Der im Entstehen begriffene Dracula-Freizeitpark in der Nähe der rumänischen Stadt Sighisoara (tz, 9.7.2001) dürfte vermutlich nicht nach jedermanns Geschmack sein, aber die „künstlichen" Kriegsgefangenen-Lager (mit Fluchtversuch als Erlebnis-Höhepunkt) in Großbritannien oder die „Jagdexpeditionen" auf Haus- und Nutztiere in Kambodscha (tz, 5.5. 2001) vermutlich noch weniger. Dennoch ist – als Reflex der zunehmenden gesellschaftlichen und kulturellen Differenzierung und der rasanten Entwicklung moderner Informations- und Kommunikationstechnologien – von einer weiter wachsenden Vielfalt mehr oder weniger langlebiger, origineller und geschmackloser Erlebniswelt-Varianten auszugehen.

Dem sind jedoch insofern Grenzen gesetzt, als arrangierte Ferienwelten einschließlich der Themen- und Erlebnisparks den Vorstellungen mehrerer und breiterer Zielgruppen entsprechen müssen; nur auf einen sehr speziellen Interessentenkreis zugeschnittene Anlagen rechnen sich nicht. Dies beinhaltet bei aller Differenzierung auch wieder das Bemühen einer Einigung auf einen gemeinsamen Nenner bzw. die Betonung kulturell verbreiteter und attraktiver Elemente und Themen. Die nivellierende „MacDonaldisierung" (Ritzer 1995), d.h. die Herauskristallisierung einer populären „Weltkultur" kommt dem entgegen (58).

Für die Errichtung arrangierter Ferienwelten geht es darum:

– die Zielgruppe und ihre ökonomische Potenz zu definieren;
– die „normale" Welt der Zielgruppe zu kennen (dazu gehören auch Informationen über verbreitete Wünsche und Bedürfnisse und über erlebte ausgesprochene und unausgesprochene Defizite);
– die Formulierung und Überprüfung von Hypothesen über die „positive" Gegenwelt der Zielgruppe;
– die praktische Umsetzung in konkrete Angebote;
– die Abstimmung der Werbung auf die erkannten Bedürfnisse der Zielgruppe.

Neben den vielen offensichtlichen Annehmlichkeiten (ansprechende Gestaltung, gutes Essen usw.) lassen sich noch viele andere, tiefgehendere Gründe dafür nennen, dass die Angebote gute Resonanz finden. Dazu nur eine kleine Auswahl wichtiger Kriterien (59), die in verschiedenen Ferienwelten bzw. Anlagen mehr oder weniger gut erfüllt sind:

– Pflege des körperlichen und seelischen Wohlbefindens;
– Versorgung mit Erfolgserlebnissen (z.B. bei Sport und Spiel);
– vielfältige Möglichkeiten zur Inszenierung der eigenen Person, (Rollenspiele, Annahme anderer Identitäten);
– befriedigende Gemeinschaftserlebnisse, Erfüllung von Zugehörigkeitsbedürfnissen, Unterstützung bei Kontaktaufnahme;
– kreative Ausdrucksmöglichkeiten;

- positiver Kontrast zum Alltagsleben innerhalb einer vertrauten und Sicherheit gebender Umgebung;
- Entdifferenzierung, Beschränktheit und Überschaubarkeit, d.h. vereinfachtes soziales Leben (z.b. geringe Bedeutung formeller Hierarchien, weitgehendes Fehlen von Statussymbolen, niedrige Zugangsschwellen zu anderen, Entlastung von Entscheidungen);
- Erfüllung regressiver Bedürfnisse (umsorgt und angenommen werden, ständige Verfügbarkeit anderer, Bestätigung, Beachtung);
- Suspendierung von vielen Zwängen und Einschränkungen (z.b. Zeitsouveränität, freizügige Kleidung).

6.4. Animation

Animation ist ein zentrales Element in dieser Urlaubswelt, das in erster Linie der Ermöglichung und Erleichterung von Kontakt und Kommunikation dient, indem der Animateur die Initiative und damit das Risiko übernimmt (Finger 1993; Lockenmeyer 2000, S. 39). Dies ist vermutlich wichtiger, als zugegeben wird, denn gerade in den modernen Gesellschaften, die bemerkenswerterweise auch als „Kommunikationsgesellschaften" bezeichnet werden, sind die Defizite im sozial-kommunikativen Bereich auffällig (dazu z.b. Szczesny-Friedmann 1994, Nuber 1996). Entgegen landläufiger Vorstellungen dürften die Kontaktschwierigkeiten im Urlaub aber oft noch größer sein, da man sehr oft auf Unbekannte trifft, die aufgrund fehlender Statusmerkmale nicht so leicht eingeordnet werden können und weil es (wie z.b. am Arbeitsplatz) keine gemeinsamen Themen, Aufgaben und sachlichen Vorwände gibt, die eine Initiative rechtfertigen oder „erzwingen". Gleichzeitig ist aber aufgrund von mehr frei verfügbarer Zeit, stärkeren Eindrücken und weniger Beanspruchungen das Bedürfnis nach Austausch größer, woraus sich ein erhebliches Nachfragepotential nach sozial-kommunikativen Dienstleistungen ergibt. Das ist kein Widerspruch zum schlechten Image der herkömmlichen Animation: Abgesehen von den häufig seichten Angeboten, den nicht immer pädagogisch versierten Animateuren und den Schwierigkeiten, einen gemeinsamen Nenner für ein mitunter recht heterogenes Klientel (Alter, Nationalität usw.) zu finden, beteiligen sich viele nicht an den Angeboten, weil sie Angst haben, dann als Urlauber angesehen zu werden, die es nötig haben. Wieviel besser vor sich selbst und vor anderen steht dagegen der da, der überlegen lächelnd die Nase über den billigen Klamauk der Menschen rümpft, die mit ihrer Freizeit sonst nichts anzufangen wissen – und sich vielleicht darüber ärgert, nicht nachdrücklich genug zum Mitmachen aufgefordert worden zu sein.

6.5. Annäherung ans Paradies?

Wie erwähnt, sind Ferienanlagen auch schon mit psychiatrischen Kliniken und anderen negativ bewerteten Einrichtungen verglichen worden (s. o). Solche Bilder haben etwas für sich, wenn man einmal von den darin implizit enthaltenen Wertungen absieht. Erfahrungen von Überfluß, Mühelosigkeit, Muße, Freundlichkeit, des Fehlens vorgegebner sozialer Hierarchien, des scheinbaren (wenn auch durchschaubaren) Angenommenseins, usw. zeigen, dass all dies wenigstens zeitweise, vordergründig und für Geld – realisierbar ist. Damit sind solche Utopien (auf dem Hintergrund des „richtigen" Lebens) von der bloßen Vorstellung ins Experimentierstadium getreten und – wenn auch nur spielerisch – wahrnehmbar geworden. Vielleicht mehr noch als bloße Gedanken eine Realität konstruieren (die freilich hinter der gedachten Welt mehr oder weniger weit zurückbleibt), können sich positive Erfahrungen utopischer Scheinzustände auf das Alltagsleben auswirken. Indem sich im Hinterkopf das Bild einer Gegenwelt einnistet, werden möglicherweise einige drückende Konventionen und Selbstverständlichkeiten hinterfragt und manches des im Schonraum gelernten in den normalen Alltag hinübergerettet. Noch scheinen die Veranstalter das therapeutische und (auf lange Sicht auch gesellschaftsverändernde) Potential der arrangierten Ferienwelten nicht recht erkannt zu haben, von einer gezielten Pflege, Weiterentwicklung oder Nutzung nicht zu reden. Zwar stehen bei der Wahl des Urlaubszieles vielfach immer noch die (möglichst exotischen bzw. gerade im aktuellen Trend liegenden) Ziele im Vordergrund des bewußten Entscheidungsverhaltens, aber das könnte sich auch in Anbetracht steigender Transportkosten und abnehmender Massenkaufkraft sowie zunehmender sozialer, politischer und kultureller Spannungen (dazu Huntington 1998) ändern.

Arrangierte Ferienwelten wie Clubs, All-inclusive-Anlagen oder moderne Vergnügungsparks vermitteln – zumindest ihrem Anspruch nach – andere, mehr erwünschte, aber nicht weniger „reale" Erlebnisse im Vergleich zum Urlaub in einer mehr oder weniger „organisch" gewachsenen fremden sozio-kulturellen Lebenswelt, wo die Erlebnisse stärker vom Zufall oder vom eigenen Geschick und Dazutun abhängen. Die zeitliche Begrenzung des Urlaubs verhindert, dass der Sättigungspunkt erreicht wird bzw. dass sich der Unwert der Utopie erweist. Paradiesvorstellungen sind seit jeher statisch – und in Anbetracht der menschlichen Unfähigkeit, „nicht allein ruhig im Zimmer bleiben zu können" (Blaise Pascal) würde ihre Realisierung auch nicht glücklich machen (60). Arrangierte Ferienwelten sind vielleicht – gerade infolge ihrer zeitlichen Begrenzung – die bisher vielleicht besten Annäherungen an unsere Vorstellungen vom Paradies – aber ohne einen zeitweisen Aufenthalt im Paradies wäre das Leben nicht auszuhalten (Romeiß-Stracke 1998, S. 39).

7.
Folgerungen

„Wir wollen Touristen mit viel Geld, die unsere Umwelt in Ruhe lassen"
(Kuniwo Nakamura, Präsident von Palau; zit. nach Bruns 1996, S. 80)

Das Anliegen dieser als pauschaltouristische Metakritik, als Kritik an der Kritik des Pauschal-Strandurlaubs konzipierte Schrift bestand nicht darin, durch massenhaftes Verreisen induzierte ökologische, ökonomische und sozio-kulturelle Probleme zu bagatellisieren oder zu verdrängen. Da von kompetenterer Seite bereits zahlreiche, entweder auf bestimmte Gebiete begrenzte (z.b. Krippendorf 1975, Cohen 1993, Spreitzhofer 1995) oder generelle Darstellungen (z.B. Mäder 1987, Haid 1988, Hammelehle 1995, Bruhns 1997) vorliegen, konnten hier Andeutungen genügen. Bei vielen der in diesem Zusammenhang vorgebrachten Bedenken handelt es sich um ernstzunehmende Herausforderungen, auf die sich Zielgebiete und Tourismusindustrie schon im eigenen Interesse einstellen müssen.

Ein Teil der populären Kritik beschränkt sich jedoch nicht auf das Aufzeigen problematischer Konsequenzen touristischer Erschließung für große Teile der einheimischen Bevölkerungen, sondern neigt zum vordergründigen Moralisieren in der Tradition der Touristen*beschimpfung* (zusammenfassend Hennig 1997). Klagen, dass z.B. „Weg von-"Motive oft wichtiger als „Hin zu-"Motive sind, dass sich Urlauber Illusionen kaufen, nur anspruchslose Vergnügen suchen, den Luxus geplanter Ferienwelten dem „authentischen" spartanischen Alltag in der Fremde vorziehen oder lieber Spaß, Abenteuer und Geselligkeit als ernsthafte Begegnungen mit dem Fremden suchen, sind dafür typisch. Wer solche Entwicklungen von der klassischen Reise hin zum „Pop-Tourismus" (Aloys 2001) auch nur beschreibt, kann sich einer ironischen Kommentierung (AZ, 28.7.2001) sicher sein. Dabei wird – auch auf dem Hintergrund elitärer Massenphobie – heutiges touristisches Wünschen, Wollen und Handeln mittels traditioneller Idealvorstellungen des Reisens (z.B. als Bildungserlebnis oder als Vehikel von Kulturaustausch und Völkerverständigung) beurteilt, ohne dabei die inzwischen stattgefundenen tiefgreifenden wirtschaftlichen und gesellschaftlichen Veränderungen in den Herkunftsländern und ihre Auswirkungen auf die Erwartungen der Urlauber zu berücksichtigen. Diese sollten sich allerdings die Frage stellen, ob sie den instrumentellen Wert ihres Reiseziels für die ihnen wichtigen Bedürfnisse sorgfältig geprüft haben bzw. ob dazu eine Reise angesichts attraktiver Alternativangebote (z.B. Freizeitpark mit Badelandschaft vor der Haustür) überhaupt notwendig ist.

Wie am Beispiel des Strandes gezeigt wurde, erfüllt das dort beobachtbare, äußerlich wenig aktive und so gar nicht zum Image einer modernen, neugierigen, abenteuerlustigen und risikofreudigen Generation passende Verhalten der meisten Besucher offenbar viele manifeste und latente, aber gleichwohl zentrale Bedürfnisse. Entsprechendes gilt für aufregendere „Nicht-Orte" wie nächtliche Amüsierstätten, Vergnügungsparks und andere Arten von Erwachsenenspielplätzen, an welchen mehr oder weniger erfolgreich versucht wird, an sich Unvereinbares wie Risiko und Sicherheit oder Spannung und Bequemlichkeit miteinander zu verbinden. Sich darüber zu mokieren, mag von Witz, Intelligenz und Überlegenheit (oder Überheblichkeit) zeugen, aber nicht vom Bemühen, das Phänomen des sogenannten „Post-Tourismus" verstehen zu wollen.

Entgegen mancher heute populären Zielvorstellungen, die auf eine (qualitative) Intensivierung des Austauschs und eine stärkere Integration der Touristen in die ihnen unvertrauten Gesellschaften und Kulturen abzielen (was wohl immer nur für eine begrenzte Zahl intrinsisch motivierter „Experten" gelingen wird) erscheint der gegenteilige Weg einer noch stärkeren Separierung für die große Menge der Erholungs- und Erlebnishungrigen angemessener und gleichzeitig für die Bereisten und deren Kultur weniger schädlich. Wenn es statt zur Erschließung immer weiterer Gebiete zur Konzentration in den bekannten bzw. (je nach Standpunkt) schon „verdorbenen" Enklaven kommt, lassen sich die unumgänglichen Risiken und Irritationen eines quantitativ bedeutsamen und überwiegend hedonistisch ausgerichteten Tourismus begrenzen und oft auch entscheidend vermindern. Große Hotelanlagen, Clubs, abgegrenzte Strände und andere Arten „künstlicher" Ferienwelten geben die Richtung für eine konzentriertere und daher besser kontrollierbare Entwicklung auch und gerade für Destinationen in der „Dritten Welt" an: Indem bestimmte Areale langfristig verpachtet und zu großzügigen Ferienlandschaften umgewandelt werden, lassen sich die notwendigen Devisen leichter und mit geringeren Störungen für die Umwelt und für die ansässige Bevölkerung erzielen. Allerdings müßte dann sichergestellt sein, dass ein Großteil der Einnahmen auch tatsächlich der Förderung des für den „normalen" Urlauber unzugänglichen Hinterlandes zugutekommen, so dass sich die Profite aus dem Tourismus auf mehr und die Belastungen auf weniger Köpfe verteilen.

Die weitere Konzentration im Sinne der Einrichtung relativ isolierter touristischer Enklaven als konsequent defensive Strategie würde jedenfalls den eigentlichen Anliegen sowohl eines Großteils der Touristen, den Erwartungen der Veranstalter und der Zielländer und sogar den Einwänden mancher Kritiker besser gerecht werden, als ein vielleicht gut gemeinter, aber letztlich doch expansiver „sanfter" grenzenloser Tourismus, bei dem sich immer mehr Menschen mit den „richtigen" Einstellungen und Verhaltensstandards in eine Umwelt begeben, in der sie ein Fremdkörper sind, und (besonders wenn ihre Anzahl eine bestimmte Größe übersteigt) zur Belastung werden können.

Anmerkungen

(1) Zum einen könnten innerhalb des Berichtszeitraumes von 11 Jahren (1989 bis 2000) tatsächlich gravierende Verhaltens- und Einstellungsänderungen stattgefunden haben. Weiterhin ist zu berücksichtigen, dass der Wortlaut der Fragestellung das Antwortverhalten in bestimmter Richtung beeinflusst. Auch Analyse und Interpretation der Befragtenreaktionen lassen einen gewissen Spielraum zu (z.B. Kühnreich 1992). Zu berücksichtigen sind auch noch mögliche unkontrollierte Randbedingungen bei der Befragtenauswahl, die sich auf das Antwortverhalten auswirken. Hinzu kommt, dass nicht allen veröffentlichten Umfragen und Meinungsbildern eine Repräsentativauswahl oder auch nur eine ausreichend große Stichprobe zugrundeliegt. Insbesondere aktuelle Reportagen in der Boulevardpresse begnügen sich oft mit einigen typisch erscheinenden Antworten und Ergebnissen, die den dem Pauschaltourismus nicht gewogenen Zeitgeist widerspiegeln und eher „sozial erwünschte" als tatsächliche Meinungen ausdrücken.

(2) Damit sind keineswegs fundierte wissenschaftliche Darstellungen und Untersuchungen zu problematischen Auswirkungen touristischer Erschließung angesprochen (z.b. Wagner 1981, Vuidaskis 1982, Hammelehle 1995, Pfaffenbach 1996, Moser-Weithmann 1999), wohl aber journalistische Darstellungen, die pauschal und teils hämisch, teils verachtungsvoll das Verhalten von „Touries", „Neckermännern" und sonstigen Massenangehörigen kommentieren (z.b. Spiegel 27.9.1971, Kühnreich 1992, Märtsching 1996, AZ, 28.7.2001). Bezeichnend erscheint, dass auch manche seriöse Artikel (z.B. „Prolet de Mar" in der SZ vom 14./15. 2001) nicht ohne abwertende Seitenhiebe auszukommen scheinen. Bemerkenswerterweise äußert sich die Tourismuskritik besonders vehement in Deutschland (Romeiß-Stracke 1998, S. 12) – und richtet sich vor allem gegen die eigenen Landsleute (Scherer 1995, S. 97). Sie findet ihre Entsprechung in einer verbreiteten (geäußerten!) Abneigung vieler dazu Befragter (Pfaffenbach 1996, S. 8) bzw. Kritiker (Heider 1992), am Urlaubsort Landsleute zu treffen.

(3) So stellte z.B. Pfaffenbach (1996, S. 7) bei einer Befragung von Tunesien-Urlaubern fest, dass das Urlaubsziel für die meisten Reisenden beliebig austauschbar ist, und dass es 75% der Befragten bevorzugten, jedes Jahr in ein anderes Land zu fahren.

(4) Z.B. Lohmann 1999, Cohen 1993, Pfaffenbach 1996, Romeiß-Stracke 1998, S. 56 f., AZ 10.6.2000

(5) Während 1972 knapp 25 Mio. Westdeutsche eine Urlaubsreise von mehr als fünf Tagen unternommen haben, waren es zehn Jahre später schon mehr als 32 Mio. 1992 betrug dieser Wert (einschließlich der neuen Bundesländer) 57,6 Mio. und im Jahre 2000 waren es trotz anhaltender Wirtschaftsflaute 62,2 Mio. Für 2010 wird mit 80 Mio. Urlaubern gerechnet (Focus 2001, S. 112).

(6) Ein Beispiel ist die – entgegen entsprechender Vorurteile – nicht von westlichen Touristen, sondern von der männlichen Bevölkerung des eigenen Landes unterhaltene riesige thailändische Sexindustrie. „Der Bordellbesuch zählt zum selbstverständlichen Alltagsleben. Die mindestens 700.000 Prostituierten, unter denen die Polizei 100 000 Minderjährige vermutet, leben nur zu 5% von Touristen hauptsächlich aus Japan, Korea, Malaysia, Taiwan, Hongkong und Singapur, neben denen Deutsche eine Splittergruppe sind" (Scherer 1995, S. 103 f.). dass sich entsprechende tourismusbelastende Klischees so hartnäckig halten, liegt sicher auch am Desinteresse an empirischer Überprüfung seitens mancher Kritiker. So findet z.B. ein Rezensent in Jutta Bertrams Buch: Arm aber glücklich ... – Wahrnehmungsmuster im Ferntourismus und ihr Beitrag

zum (Miß-) Verstehen der Fremde(n)" das Fehlen jeglicher empirischer Überprüfung ihrer Aussagen „leichter zu verschmerzen" (Stock 1996, S. 58).

(7) Während sich immerhin an einigen Fachhochschulen und Universitäten (z.B. Eichstätt, Lüneburg, München, Passau, Salzburg) eine doch rege tourismusrelevante Forschung etabliert hat und auch an anderen Hochschulen seit einigen Jahren entsprechende Aktivitäten zunehmen, scheinen (nicht nur nach entsprechenden Erfahrungen des Verfassers) Veranstalter und andere potentielle touristische Nutznießer geringes Interesse an empirischen Studien aufzubringen – besonders soweit sie sich nicht in Repräsentativerhebungen erschöpfen.

(8) Entsprechend ihres interdisziplinären Charakters gibt es keine speziell tourismuswissenschaftlichen Forschungsmethoden. In den Bereichen Freizeit, Urlaub, Reisen und Fremdenverkehr lassen sich genau dieselben Verfahren und Techniken wie in den Sozial- und Kulturwissenschaften insgesamt (Befragung, Beobachtung, Inhaltsanalyse, Feldexperiment u.a.) anwenden, mit all ihrer Vielfalt an Varianten und Spezifikationen, also qualitativ, quantifizierend, strukturiert, teilstrukturiert usw. (vgl. dazu besonders Hahn & Kagelmann 1993, S. 529-573). Wie auch sonst in der Sozialforschung kann dabei nicht zwischen „richtigen" und „faschen" Vorgehensweisen differenziert werden, sondern – je nach Fragestellung – mehr oder weniger angemessenen, wobei sich quantitative (quantifizierende) und qualitative Vorgehensweisen im Idealfall ergänzen.

(9) Die folgenden Ausführungen betreffen nur zum Teil oder gar nicht Geschäftsreisende, Forschungsreisende, Bildungsreisende im klassischen Sinne oder Pilger, also Reisende, die mit ihrem Vorhaben in erster Linie ganz spezielle Ziele suchen und Interessen verfolgen.

(10) Sowohl subjektiv, indem sie weniger unbekannt, d.h. vertraut, als auch objektiv, indem sie „verdorben", d.h. touristisch erschlossen wird.

(11) „Leistungs- und Qualitätsanforderungen, denen man sich in der Arbeitswelt unterwirft, beanspruchen auch in den Bereichen Konsum und Freizeit Geltung" (Vester 1999, S. 13).

(12) Neben übergreifenden Darstellungen (z.B. Vorlaufer 1984, Mäder 1987, Haid 1988, Ludwig u.a. 1992, Hammelehle 1995) dazu eine Auswahl aufschlußreicher Detailstudien, z.B. (in alphabetischer Reihenfolge): Bali (Leemann u.a. 1987), Gambia (Esh & Rosenblum 1975, Wagner 1981), Kenia (Kurt 1986), Kreta (Vuidaskis 1982), Thailand (Cohen 1993), Tunesien (Moser-Weithmann 1996, 1999; Pfaffenbach 1996), Türkei (Sester 1992).

(13) Dieses (natürlich nicht auf Tourismusauswirkungen beschränkte) Schema ist lediglich als Darstellungs- und Gliederungshilfe aufzufassen. Das Bild wird noch komplexer durch eigentlich notwendige Differenzierungen zwischen:
– kurz- und langfristigen Auswirkungen (z.B. kurzfristige wirtschaftliche Vorteile gegen langfristige ökonomische Fehlentwicklungen)
– manifesten und (zunächst) latenten Effekten (z.B. Verminderung der Arbeitslosigkeit vs. allmähliche Aushöhlung traditioneller Systeme der sozialen Sicherung)
– direkten und indirekten Konsequenzen (z.B. Anstieg der Lebenshaltungskosten vs. Tourismus als Initialzündung für Industrialisierung und Modernisierung)
Die Abschätzung der verschiedenen Auswirkungen, insbesondere im sozio-kulturellen Bereich, ist überdies interessen- und einstellungsabhängig, was eine Bewertung zusätzlich erschwert.

(14) Selbst in Deutschland, einer zwar absolut sehr bedeutenden Destination (1999: 35,7 Mio. Auslandsgästeübernachtungen; 15,6 Milliarden Euro an Deviseneinnahmen aus dem Tourismus; v. Baratta 2000, Spalte 180), wo der Tourismus aber nur knapp 0,7% zum Bruttosozioalprodukt beiträgt, verfallen Betroffene und die Presse in Panik, wenn die Übernachtungszahlen einmal auch nur um 5% gegenüber dem Vorjahr zurückgehen.

(15) Z.B. Wagner 1981, Ludwig u.a. 1992, Sester 1992, Cohen 1993, Hammelehle 1995, Moser-Weithmann 1996, 1999.

(16) Solche Überlegungen tauchen in der (nichtwissenschaftlichen) Tourismuskritik m.E. bislang kaum auf.

(17) So zogen z.B. Ende der 80er Jahre die sich in Goa versammlenden Nacktbader massenhaft einheimische indische Touristen an (tz, 23.5.1987); ähnliches berichtet Cohen (1993, S. 62) von einem thailändischen Strand.

(18) Eine abweichende Auffassung wird dagegen in einer häufig durch Touristenbeschimpfung charakterisierten Presse vertreten. So „warnt" z.b. die Münchner Abendzeitung vom 16.8.1998 in einem längeren Artikel davor, sich in einem italienischen Cafe durch eine atypische Bestellung als Tourist zu erkennen zu geben. Demnach werden die Einheimischen offenbar als grundsätzlich feindselig oder betrügerisch wahrgenommen, die jede Gelegenheit nutzen, sich über die dummen Fremden zu mokieren oder sie hereinzulegen. Natürlich kann es mitunter Nachteile mit sich bringen, als Tourist identifiziert zu werden, indem damit das Risiko steigt, als offensichtlich der lokalen Verhältnisse Unkundiger ein lohnendes Opfer krimineller Machenschaften zu werden, aber aufgeschlossenes, nachsichtiges und hilfsbereites Verhalten der Ansässigen dürfte doch bei weitem häufiger sein.

(19) Z.B. tz, 23.5.1987; AZ, 29.3.1988 bzw.Larenz & Rieländer 1996)

(20) So haben z.b. türkische Regierungsmitglieder Mitte der 80er Jahre betont, dass man sich im nationalen Interesse an die freizügige Moral der Touristen zu gewöhnen habe (Penners 1988, S. 58). In diesem Zusammenhang ist auch die veränderte Beurteilung der lange Zeit verfemten und polizeilich verfolgten FKK-Anhänger in Griechenland bemerkenswert, die der stellvertretende Generalsekretär des Fremdenverkehrsverbandes als harmlose „Naturliebhaber hohen kulturellen Niveaus und hoher Einkommensklasse" gegenüber der Kirche in Schutz nahm (SZ, 8.4.1983). Hintergrund für diesen Umschwung waren Schätzungen, wonach dem Land durch die Abschreckung der Nacktbadefans etwa 300 Mio. Dollar jährlich verlorengingen (Spiegel 40, 1.10.1984). Wo man (wie z.b. in den letzten Jahren in Italien) nicht so sehr auf weitere quantitative Zuwächse angewiesen ist, beginnt man an manchen Stellen, die Zügel wieder anzuziehen (Bornmann 1998; vgl. auch Bild, 1.7.1993; AZ, 21.7.1998)

(21) Etwa, wenn man in Japan mit ausgestrecken Beinen auf dem Boden sitzt oder die Eßstäbchen senkrecht in die Reisschale steckt. Unbeliebt macht sich, wer in arabischen Ländern seinem Gegenüber die Fußsohlen entgegenstreckt, weil dies einen Rauswurf ankündigt oder wer in Thailand laut lacht oder einem Kind über den Kopf streicht, da sich dort dessen unantastbare Seele befinden soll. Banaler muten Tips an, sich in England an Kiosken nicht vorzudrängen oder in amerikanischen Restaurants das Messer nach dem Gebrauch wieder aus der Hand zu legen (Glücksrevue 30, 1997, S. 13). Nützliche Hinweise enthalten dagegen Commer 1987, Guilino 1994, Hirt 1994 sowie moderne umfangreichere Ratgeber für Stil und Etikette, die meist relativ detailliert auf solche Fragen eingehen. Erwähnung verdient in diesem Zusammenhang auch die (telefonische) „Interkulturelle Beratung und Information" (INKUBI) der Universität Essen.

(22) So droht z.B. bereits beim Besitz kleiner Mengen Rauschgift in Malaysia die Todesstrafe und Vandalismus wird dort mit Gefängnis und Auspeitschung bestraft, aber auch schon das Baden „oben ohne" kann eine Ausweisung wegen des „schlechten Einflusses" auf die Bevölkerung nach sich ziehen" (tz, 27.12.1986).

(23) Z.B. Ludwig & Neuer 1992; Hammemehle 1995; vgl. auch Spiegel Special 1997)

(24) Eine Kosten-Nutzen-Analyse des Reiseverhaltens kann viel zur Motivtransparenz beitragen (Karos 1992, S. 21 ff.). Sie zielt einerseits auf die Erwartungen, Motive und Ansprüche ab, die zur Auswahl eines bestimmten Zieles führen, und berücksichtigt andererseits die Mühen, die man bereit ist, dafür in Kauf zu nehmen. Dieses Konzept orientiert sich an den sozialpsychologischen Entscheidungs- und Austauschtheorien, wobei die Grundidee auf der Annahme basiert, dass ein Reisender bei der Entscheidung für ein Ziel nach Profitmaximierung strebt, indem er versucht, die unvermeidbaren Kosten möglichst gering zu halten und einen möglichst hohen

subjektiven Nutzen zu erzielen. Was als Kosten und Nutzen erscheint, hängt natürlich von individuellen Präferenzen und Werthaltungen ab. Darüberhinaus besteht aber auch eine Abhängigkeit von bestehenden und modifizierbaren gesellschaftlichen Vorgaben. Bei der Wahl eines Zieles kommt dessen gesellschaftlicher Bewertung (z.B. als Statussymbol) und der Orientierung an relevanten Bezugsgruppen (z.B. Bekannte mit hohem Sozialprestige) große Bedeutung zu. Die Komplexität dieses Modells erhöht sich durch die notwendige Unterscheidung von unmittelbaren und mittelbaren und manifesten und latenten Nutzen und Kosten. Besonders die Erfassung der latenten Nutzen und Kosten ist schwierig – nicht nur für die Forscher, sondern vor allem für die Reisenden selbst.

(25) Zur Vorbereitung einer geplanten Seminarveranstaltung wurden am Münchner Flughafen acht qualitative Interviews mit Touristen durchgeführt (Kiefl 1996). Aufgrund der geringen Fallzahl kommt ihnen natürlich nur ein heuristischer und illustrativer Wert zu.

(26) In diesem Zusammenhang sei etwa an den immer wieder unter Mitwirkung der Boulevardpresse (d.h. besonders „Bild" und dem englischen Pendant „Sun") ausbrechenden „Handtuchkrieg" zwischen deutschen und englischen Urlaubern auf den Balearen und Kanaren erinnert. Weniger spektakulär, aber bedeutsamer ist eine weitgehende Separierung nach Nationen und ethnischen Gruppen an den Stränden (Preston-White 2001) oder im Speisesaal.

(27) Ein bezeichnendes Beispiel liefert die Selbstdarstellung des Münchner Oktoberfests: Immer wieder wird dabei in der Werbung betont, dass hier alle Schichten, Klassen und Rassen zusammenkämen und ohne trennenden Grenzen gemeinsam feierten. Da säße der Handwerker neben dem Professor, der schwarzafrikanische Asylbewerber neben der Managerin, die Verkäuferin neben dem Schauspieler usw.. Die Wirklichkeit sieht dagegen völlig anders aus: Die jedes Jahr mehr ausufernden Reservierungen ganzer Bierzeltteile für Betriebe oder lokale Bonzen und ihren Anhang sorgen dazu, dass ja kein Fremder deren Inzuchtidyllen stört.

(28) Beide Begriffe werden im Deutschen oft synonym verwendet, doch wird im englischsprachigen Ausland und in Asien Alternativtourismus nicht so sehr im Sinne von „aussteigen" oder „anders reisen" verstanden, sondern als „sustainable", d.h. nachhaltiger, tragfähiger, also sanfter Tourismus (Spreitzhofer 1995, S. 105 f.)

(29) So war z.B. bereits während der klerikal-autoritären Franco-Ära auf Ibiza FKK möglich und auch die Insel Mykonos galt bereits zur Zeit der griechischen Militätdiktatur (1967-74) als inoffizielles Refugium für Aussteiger und Hedonisten.

(30) Selbst hier können sich aber einer weiteren Modernisierung eher hinderliche Rückwirkungen auf Kultur und Gesellschaft im Zielgebiet ergeben (dazu z.B. Moser-Weithmann 1996, 1999).

(31) Ein Beispiel dafür ist etwa der für seine tolerante Philosophie und lustbetonte Praxis berühmt-berüchtigte und v. a. bei US-Amerikanern beliebte „Club Hedonism" in der Karibik.

(32) Kaplan (1987) und Herzog & Smith (1988) sprechen dem Neugiermotiv einen Selektionsvorteil zu: Bei Mangel an Neugier hätte sich Homo sapiens nicht so schnell über die Erdoberfläche ausgebreitet (Keul & Kühberger 1996, S. 32).

(33) Vgl. auch Kiefl 1993 sowie z.B. AZ, 14.3. 1998; tz, 18.3.1995; Wirtschaftswoche 41/1987, S. 44-54 u. 66-67.

(34) Zusammenstellungen von Motiven finden sich z.B. bei Karos 1992, S. 28 ff.; vgl. auch Lohmann & Besel 1990. Die weitgehende Vernachlässigung der Differenzierung zwischen manifesten und latenten Motiven hängt vermutlich mit der Bevorzugung des standardisierten Interviews als der üblichen (und preiswertesten) Methode zusammen.

(35) Die entscheidende Frage, inwieweit das am Ziel Vorfindbare zu den eigenen Bedürfnissen paßt (oder umgekehrt), wird nicht immer ernsthaft genug überlegt. Bereits ein Buch mit geeig-

neten, d.h. einigermaßen seriösen Selbstausfüll-Tests („Welcher Urlaubs-Typ sind Sie?" etc.), gekoppelt mit entsprechenden touristischen Basisinformationen über möglichst viele Zielgebiete könnten hier wichtige Einsichten und Entscheidungshilfen liefern, die vor unüberlegten Buchungen, Frustrationen und Fettnäpfchen bewahren. Vermutlich würden wesentlich weniger Menschen die Strapazen einer längeren und teueren Reise auf sich nehmen, wenn sie sich eingestehen müßten, dass für sie z.B. „Kultur" einen geringeren Stellenwert hat, als mancher heimliche und als „profan" abgewertete Wunsch, der anderswo sehr viel billiger zu erfüllen ist.

(36) Die quantitative Tourismusforschung ist an Zahlen, Mengen, Häufigkeiten und Verteilungen interessiert. Typische Beispiele dafür sind Übernachtungszahlen, Besucherfrequenzen oder die durch standardisierte Skalen gemessene Zufriedenheit mit der vorgefunden touristischen Infrastruktur eines Ortes. Im Gegensatz dazu sucht die qualitative Forschung nach Begründungen und Motiven für Verhalten und analysiert Reaktionen und Wirkungsweisen. Qualitative Einzelintrviews (narrative Interviews, Leitfadeninterviews, Tiefeninterviews, Exploration) oder gar die (soziologische bzw. ethnologische) Feldforschung als deskriptiv und holistisch (ganzheitlich) ausgerichtete Verfahren können sich besser als standardisierte Fragebogen oder strukturierte Beobachtungsschemata den Eigenschaften, der Mitteilungsfähigkeit, dem Anliegen, den Relevanzsystemen und den Interpretationen im interessierenden Objektbereich anpassen. Dies ist deshalb so wichtig, weil es für das Verständnis sozialer Phänomene meist nicht genügt, ihr Auftreten, ihre Häufigkeiten und ihre Assoziationen mit anderen Phänomenen festzuhalten. Zusätzlich bedarf es der Erforschung der diesen Phänomenen von den handelnden Menschen zugrundegelegten Bedeutungen, d.h. des „gemeinten Sinns", wozu die jeweiligen Selbstauslegungen der Untersuchten entscheidend sind (dazu besonders Girtler 1994). Im qualitativen Interview können mehrere Verfahren wie z.B. offene Fragen, geschlossene Fragen und Auswahlversuche, aber auch aus der experimentellen Psychologie bekannte Methoden wie Satzergänzungstests und projektive Methoden angewandt werden (Meyer 1993, S. 529 f.). – Als Vorteile qualitativer Verfahren gelten vor allem die größere Flexibilität sowie das entscheidende Gewicht, das den Motiven, Deutungen und Perspektiven der Befragten eingeräumt wird. Dagegen schränken die zeit-, personal- und kostenaufwendige Durchführung und Auswertung die Anwendungshäufigkeit ein. Zur weiteren Vertiefung in methodische Fragen z.B. Hahn & Kagelmann 1993, S. 529-573; Greve & Wentura 1991; Flick u.a. 1995; Girtler 1994; Hahn 1998; Keul & Kühberger 1996; Lamnek 1989; Lutz 1988)

(37) So weist z.B. das regelmäßig von der Karstadt AG herausgegebene „Reisezeit-Urlaubsmagazin" einen geringen Informationswert auf. Die meist recht ansprechenden Bildern werden nur von seichten und mit zahlreichen alten Klischees und neuen Belanglosigkeiten (gerade aktuelle Lokale und Discotheken, günstige Souvenireinkaufsmöglichkeiten) garnierten Texten begleitet (vgl. auch Jakobs 1997).

(38) Fesenmeyer 1974, S. 55; Pasariello 1993, S. 124; Kaufmann 1996, Hennig 1999, S. 27 f.

(39) Statussymbole wie Autos oder Kleidung können hier nicht oder nur sehr subtil demonstriert werden. Selbst bei der Lektüre ist dies aufgrund des begrenzten Angebots schwierig (so gab es z.B. am Kiosk des Hotels „Lutania Beach" als einzige deutschsprachige Tageszeitung nur „Bild"). Hinweise lieferten mitgebrachte Bücher, Uhren, besondere Aktivitäten (z.B. Schachspiel) oder Ausdrucksweise und Gesprächsstil.

(40) Obgleich viele Beobachtungsstudien – etwa des ehemaligen Starnberger Studienkreises für Tourismus – interessante Ergebnisse zutage gefördert haben (zusammenfassend Hahn 1998), sind verhaltensnahe Feldbeobachtungen innerhalb der tourismuswissenschaftlichen Forschung immer noch relativ spärlich vertreten (Keul & Kühberger 1996, S. 29). Dabei beschränken sich Beobachtungsstudien keinesfalls auf relativ statische Arrangements wie Badestrände. Eine besonders interessante Variante sind „Tracking-Studien" (Hill 1984). Dabei werden die Beobachteten (z.B. Städtetouristen) unauffällig verfolgt und Variablen wie Gehgeschwindigkeit, Aufenthaltspunkte, Anzahl und Dauer der Aufenthalte, u.a. m. festgehalten (dazu besonders Keul & Kühberger 1996).

(41) Die Beobachtungen auf Rhodos wurden an dem zum Hotel „Lutania Beach" gehörenden Strandabschnitt (im folgenden nur noch als „Lutania Beach" bezeichnet) in der Nähe von Kolymbia an der Südostküste von Rhodos durchgeführt. Das 4-Sterne-Hotel „Lutania Beach", eine moderne, gut ausgestattete und sehr gepflegte Anlage mit 123 Zimmern liegt in der Nähe von Kolymbia und ist ca 20 km von der Stadt Rhodos, 12 km von Faliraki und 5 km vom Golf von Afandou entfernt, an der Südostküste der Insel, direkt an einem langen Kiesstrand. Der unmittelbar beim Hotel gelegene und nahezu ausschließlich von Hotelgästen frequentierte Strandabschnitt umfaßte 45 Schirme mit je zwei Liegen, also insgesamt 90 Plätze. Daran schlossen sich nach beiden Seiten zwei etwa gleich große und ebenfalls fast nur von Gästen (anderer Hotels) besuchte Abschnitte an. Insgesamt gab es an diesem Strand etwa 130 Schirme, d.h. Platz für etwa 250-300 Besucher.

(42) Essen, trinken, Liegestuhl bezahlen, duschen, eincremen, Strand verlassen.

(43) Selbstverständlich wurden die Interviewpartner nicht ausgehorcht oder gar übertölpelt. Sämtliche Befragte wurden unmittelbar nach der Kontaktaufnahme über Ziel und Zweck der Untersuchung informiert und um ihre Mitarbeit gebeten.

(44) Die Frage nach Gedanken und Phantasien am Strand wurde – auch zur Vermeidung möglicher Peinlichkeiten – nur Männern gestellt. Vermutlich hätte ein Interviewer von Frauen auch keine so offenen Antworten bekommen.

(45) Die populäre Vorstellung, dass eine hohe soziale Dichte oder Crowding-Phänomene überwiegend als negativ empfunden werden, bedarf einer Revision (Schönhammer 1993, S. 139). Abgesehen von inter-individuellen Unterschieden sind hier unterschiedliche Typen von Touristen und Besonderheiten des Zielgebietes zu berücksichtigen (Vester 1993, S. 126).

(46) Es sei nochmals darauf hingewiesen, dass sich diese Aussagen nur auf die Beobachtungen am Strand beziehen. Zu anderen Gelegenheiten bzw. Tageszeiten ist vermutlich von einer anderen Kommunikationshäufigkeit und -intensität auszugehen.

(47) Aber auch andere Orte und Situationen schienen für eine Kontaktanknüpfung nicht viel besser geeignet. Dies zeigte sich z.B. bei den vom Hotel organisierten Veranstaltungen („Griechischer Abend", Bauchtanz- und Oldie-Abend. Man saß in der Regel so, wie man gekommen war, d.h. meist als Paar am Vierertisch. Soweit paarweise getanzt wurde, beschränkte man sich auf den eigenen Partner. Während am Folkloreabend aber immerhin noch gut 2/3 der Hotelgäste teilgenommen hatten, wurden die beiden anderen Veranstaltungen von höchstens 20 Gästen (d.h. weniger als 10%) besucht. Viele scheuten nicht den Weg zum ca 1 km entfernten Ort (auf einer teilweise unbeleuchteten Straße), um dort Geschäfte, Bars, Restaurants oder Discotheken aufzusuchen. Sollte die Hotelleitung bemüht gewesen sein, die Gäste abends im Hotel zu halten um dort für zusätzlichen Getränkekonsum zu sorgen, war sie damit offenbar nicht sehr erfolgreich. Kleinere Häuser mit einer familiären Atmosphäre tun sich in dieser Hinsicht möglicherweise leichter (Keul 1998, S. 2). Entsprechende Beobachtungen konnten auch auf Menorca angestellt werden.

(48) S. z.B. Kentler 1963, S. 9; Fesenmeyer 1974, S. 52; Mundt 1989; Müller 1995, S. 14.

(49) S. z.B. Kentler 1963, S. 17, Cohen 1993, S. 60, Pfaffenbach 1996, S. 8.

(50) Die hier zugrundelegte Beschränkung auf die Kultur der Reisenden und die der Bereisten stellt eine grobe Vereinfachung dar. Schimany (1997, S. 174) unterscheidet hier in Anlehnung an Thiem (1994, S. 42) neben der Kultur der Quellregion und der Kultur der Zielregion noch die Ferienkultur, die Interaktionskultur, die Dienstleistungskultur und die Globale Kultur.

(51) Eine Toleranzermittlung wie z.B. bei Fesenmeyer (1974,S. 53) ist kein ernsthafter Test, da ein sehr harmloses Verhalten (sich im Sand wälzen) lediglich beim Interview vorgegeben und von den Befragten beurteilt werden sollte. Bei der Vorbereitung der vorliegenden Untersuchung

angestellte Ideen für geeignete Feldexperimente ließen sich wegen der beschränkten Ressourcen nicht umsetzen.

(52) Nacktbaden war an der Lutania Beach – wie fast überall in Griechenland – zwar offiziell nicht erlaubt, doch wurde am durch Felsen begrenzten Ende des Strandes vereinzelt FKK praktiziert, wobei es sich dabei meist um junge „Rucksack-Touristen" handelte. Da diese abseits vom sonstigen Badebetrieb lagerten und sich unauffällig verhielten, fielen sie nicht weiter auf.

(53) Dabei wird man in der Regel an positive Emotionen denken, doch können auch negative Emotionen wie Angst ein Erlebnis intensivieren. Ästhetische Erlebnisse, wie sie etwa die Kunst verschafft, beziehen ihre Tiefe gerade daraus, dass in ihnen auch Angst und Furcht, Trauer und Traurigkeit, Wut und Zorn verarbeitet werden (Vester 1999, S. 15).

(54) Vgl. z.B. Heller 1992, Kiefl 1993, Scherer 1995, Wegener-Spöhring 1995, Romeiß-Stracke 1998, Hlavin-Schulze 1999, Kiefl & Klörs 1999, Aloys 2001

(55) Das meist negativ gemeinte Attribut „künstlich" wird hier bewußt vermieden. Unter „arrangierten Ferienwelten" werden alle Arten geplanter touristischer Enklaven verstanden, unabhängig davon, ob sie kurzzeitig (z.b. Erlebnis- und Themenparks) oder langzeitig (z.b. Ferienclubs, All-inclusive-Hotels, Kreuzfahrtschiffe) genutzt werden oder näher oder weiter entfernt vom Herkunftsgebiet liegen (z.b. Center-Parks vs. Ferienclub an einem Fernreiseziel).

(56) S. z.B. Gottlieb 1993, S. 78; Hennig 1999, S. 165 ff., Scherer 1995, S. 75 f.

(57) So räumen z.b. Experten dem iranischen Projekt eines Ferienzentrums auf der Insel Kisch im Persischen Golf bei der Zielgruppe der Touristen aus den wohlhabenden westlichen Ländern keine großen Chancen ein, denn „... Urlauber dürfen nur vollbekleidet baden. Männer und Frauen sind durch Barrieren getrennt, die bis ins Meer reichen und Alkohol ist verboten. Der Vorteil billigen Einkaufens – die Insel ist Freihandelszone – werden dadurch aufgehoben. (tz, 3.9.1994).

(58) Angleichungs- und Vereinheitlichungsbestrebungen beschränken sich längst nicht mehr auf nützliche Geräte, Installationen und Regelungen (z.B. im Straßen- oder Zahlungsverkehr), sondern wirken auch immer stärker kulturzerstörerisch, indem z.B. lokale und nationale Musiktraditionen zugunsten einer nivellierten „internationalen" (d.h. US-amerikanischen) Pop-„Kultur" verdrängt werden, wozu die – selten gewissenhaft erforschten, sondern lediglich unterstellten – (angeblichen) Erwartungen der Besucher als Rechtfertigung dienen. Das Bemühen, selbst bei der Unterhaltungsmusik das (leider schon) „Alltägliche" zu garantieren und den Urlaubern neue Klänge zu ersparen (was auf eine wenig schmeichelhafte Einschätzung der Gäste durch Hoteliers und Wirte hinweist), trägt mit dazu bei, dass die für die Erlebnisqualität des Urlaubs notwendige Distanz zwischen Ferienwelt und Alltagswelt verlorengeht.

(59) Vgl. z.B. Wegener-Spöhring 1995, Lohmann 1999, S. 7 f., Hlavin-Schulze 1999, Romeiß-Stracke 1998, S. 45 ff.

(60) So z.B. Turner & Ash (1975, S. 16, zit. n. Cohen 1993, S. 60): „Das Ärgerliche am Paradies ist, dass es so schnell langweilig wird."

Literatur

Agricola, S. (2000). Verhaltenstrends in Freizeit und Urlaub. In: Messe München/Projektleitung CBR (Hg.), Tourismus – Quo vadis? Dokumentation. München: Messe, S. 16-30.

Alle Sommer wieder. Wolken über der Konjunktur – doch strahlende Gesichter bei den Managern der Urlaubsindustrie: Das Reisen lassen wir uns nicht vermiesen. Focus 32, 6.8.2001, S. 113-114.

Aloys, G. (2001). Poptourismus. Ischgl.

Die Angst des Urlaubers vor der Einsamkeit. Touristikmacher aus Ischgl sagt, was die Gäste wirklich wollen. Abendzeitung (AZ), 28.7.2001.

Bachleitner, R. (2000). Konturen einer Tourismusgesellschaft. In: Keul, A.G., Bachleitner, R., Kagelmann, H.J. (Hg.) Gesund durch Erleben? Beiträge zur Erforschung der Tourismusgesellschaft. München, Wien: Profil, S. 7-11.

Baratta, M. v. (Hg.) (2000). Der Fischer Weltalmanach 2001. Frankfurt/M.: Fischer Taschenbuchverlag.

Bargatzky, T. (1985). Einführung in die Ethnologie. Eine Kultur- und Sozialanthropologie. Hamburg: Buske.

Bertram, J. (1995). „Arm aber glücklich..." Wahrnehmungsmuster im Ferntourismus und ihr Beitrag zum (Miß-)Verstehen der Fremde(n). Hamburg: LIT-Verlag.

Bettermann, S. u. a. (2001). Wenn der Deutsche eine Reise tut ... dann haben die Gastgeber etwas zu berichten: Anekdoten und Geschichten von den beliebtesten Ferienzielen dieses Sommers. Focus 32, 6.8.2001, S. 115-123.

Born, K. (2000). Von Thomas Cook zum Cyber-Space. Der Tourist zur Jahrtausendwende. In: In: Messe München/Projektleitung CBR (Hg.), Tourismus – Quo vadis? Dokumentation. München: Messe, S. 42-53

Bornmann, M. (1998). Bella Italia will schöner werden. Knigge für Urlauber. In: Abendzeitung (AZ), 11.7.98.

Bruhns, A. (1997). „Bleibt in euren Ghettos". Auf Ferieninseln spielt sich das ökologische Drama der Welt im kleinen ab. In: Spiegel-special: Urlaub total. Flucht in den Traum. Hamburg: Spiegel-Verlag, S. 78-81.

Burghoff, C. & Kresta, E. (1996). Das touristische Ghetto: Schutz von Mensch und Natur? Kritische Anmerkungen zum letzten „Trend" im Ferntourismus. Vehement 1996/1, S. 67-71.

Cohen, E. (1993). Marginale Paradiese. Bungalow-Tourismus auf den Inseln Südthailands. In: Kagelmann, H. J. (Hg.), Tourismuswissenschaft. Soziologische, sozialpsychologische und sozialanthropologische Untersuchungen. München: Quintessenz, S. 41-76.

Commer, H. (1987). Knigge International. Düsseldorf: Econ.

Demarest, G. (Hg.) (1983). Die Reisen des Marco Polo. Nach seinen Aufzeichnungen aus dem 13. Jahrhundert. Bergisch-Gladbach: Lübbe.

Esh, T. & Rosenblum, E. (1975). Tourism in Developing Countries: Trick or Treat? A Report from the Gambia. Research Report 33; Scandinavian Institute of African Studies. Uppsala.

Falksohn, R. (1997). Urlaub bleibt wichtig. In: Spiegel special. Urlaub Total. Hamburg: Spiegel-Verlag, S. 25.

Falksohn, R. (1997). Die totale Erholung. Erst kam der Urlaub unter die Glaskuppel – nun wird er in die digitale Zukunft gebeamt. In: Spiegel special. Urlaub Total. Hamburg: Spiegel-Verlag, S. 56-58.

Fesenmeyer, R. (1974). Urlauber am Strand. Eine Studie zum Strandverhalten an der Ostsee. Starnberg: Studienkreis für Tourismus (Materialien für Tourismusforschung).

Festinger, L. (1978).Theorien der kognitiven Dissonanz. Bern: Huber.
Finger, C. (1993). Animation im Urlaub. In: Hahn, H. & Kagelmann, H.J. (Hg.), Tourismuspsychologie und Tourismussoziologie. Ein Handbuch zur Tourismuswissenschaft. München: Quintessenz, S. 245-251.
Fiske, J. (2000). Lesarten des Strandes. In: Fiske, J., Lesarten des Populären. Wien: Turin & Kant, S. 56-95.
Flick, U., v. Kardoff, E., Keupp, H., V. Rosenstiel, L. & Wolff, S. (Hg.) (1995). Handbuch der qualitativen Sozialforschung. Grundlagen, Konzepte, Methoden und Anwendungen. 2. Aufl., Weinheim: PVU-Beltz.
Forschungsgemeinschaft Urlaub und Reisen e.V. (Hg.) (1999). Reiseanalyse 1999. Unveröffentlichte Berichts- und Tabellenbände, Hamburg: F.U.R.
Freßlust und Drängelei. Der Spiegel 40, 27.9.1971, S. 132.
Frey, D. (2000). Der neue Mensch des 21.Jahrhunderts. Neue Motive, Bedürfnisse und Wünsche in der Freizeit- und Erlebnisgesellschaft. In: Messe München/Projektleitung CBR (Hg.), Tourismus – Quo vadis? Dokumentation. München: Messe, S. 5-15.
Freyer, W. (1990). Tourismus. Einführung in die Fremdenverkehrsökonomie. München: Oldenbourg.
Fuchs, W. (1975). (Stichwort) „Kultur" in: Fuchs, W. u.a. (Hg.): Lexikon zur Soziologie. Band 1, Reinbek: Rowohlt, S. 382.
Furnham, A.(1984). Tourism an Culture Shock. Annals of Tourism Research 11; 1.
Garbe, D. (1991). Sonnen-Braten längst gestrichen. tz (München) 21.2.91.
Girtler, R. (1989). Die feinen Leute. Von der vornehmen Art, durchs Leben zu gehen. Linz: Veritas; Frankfurt/M.: Campus.
Girtler, R. (1992). Schmuggler. Von Grenzen und ihren Überwindern. Linz: Vertias.
Girtler, R. (1994). Methoden der qualitativen Sozialforschung. Anleitungen zur Feldarbeit. 3. Aufl., Wien: Böhlau.
Girtler, R. (1995). Randkulturen. Theorien der Unanständigkeit. Wien, Köln, Weimar: Böhlau.
Gottlieb, A. (1993). Urlaub auf Amerikanisch. In: Kagelmann, H. J. (Hg.): Tourismuswissenschaft. Soziologische, sozialpsychologische und sozialanthropologische Untersuchungen. München: Quintessenz, S. 77-96
Greve, W. & Wentura, D. (1991). Wissenschaftliche Beobachtung in der Psychologie. Eine Einführung. München: Quintessenz.
Guilino, H. (1994). Frauen allein auf Reisen. Ziele, Adressen, Transportmittel, Sparmöglichkeiten, Unterkünfte, Verhaltenstips. Niedernhausen: Falken.
Hahn, H. (1998). Beobachtungs- und Befragungsstudien am Urlaubsort. In: Bachleitner, R., Kagelmann, H.J. & Keul, A.G. (Hg.), Der durchschaute Tourist. Arbeiten zur Tourismusforschung. München, Wien: Profil, S. 181-189.
Hahn, H. & Kagelmann, H.J. (Hg.) (1993). Tourismuspsychologie und Tourismussoziologie. Ein Handbuch zur Tourismuswissenschaft. München: Quintessenz.
Haid, H. (1988). Tourismus als Stress- und Störfaktor. Soziokulturelle Folgen für die Bevölkerung in den Ziel-Regionen. In: Greverus, I.-M. (Hg.): Kulturkontakt, Kulturkonflikt. Frankfurt/M., Bd. I, S. 357-363
Hammelehle, J. (1995). Zum Beispiel Tourismus. 3., aktualisierte Aufl., Göttingen: Lamuv.
Harenberg, B. (Hg.) (2001). Aktuell 2002. Fakten, Rankings, Analysen. Dortmund: Harenberg.
Hedinger, B. (Hg.) (1986). Saison am Strand. Badeleben an Nord- und Ostsee. Herford: Köhler.
Heider, C. (1992). „Fiesta italiana" mitten in der Türkei. AZ (Abendzeitung München), 18.7. 92, S. 47.
Hellbrück, J. & Fischer, M. (1999). Umweltpsychologie. Ein Lehrbuch. Göttingen: Hogrefe.
Heller, A. (1992). Nachwort. In: Ludwig, K., Has, M. & Neuer, M. (Hg.): Der neue Tourismus. Rücksicht auf Land und Leute. München: Beck.
Hennig, C. (1996). Überlegungen zum nationalen Habitus Italiens. Ein Essay zum Thema „Soziologische Länderkunde: Italien". Hilden: SSIP.

Hennig, C. (1997). Touristenbeschimpfung. Zur Geschichte des Anti-Tourismus. Zeitschrift für Volkskunde 93, 1997/1.

Hennig, C. (1999). Reiselust – Touristen, Tourismus und Urlaubskultur. Frankfurt/M.: Insel.

Hess, U. (1998). Die Debatte um die Völkerverständigung durch Tourismus: Entwicklung einer Idee und empirische Befunde. In: Bachleitner, R., Kagelmann, H. J. & Keul, A. G. (Hg.), Der durchschaute Tourist. Arbeiten zur Tourismusforschung. München, Wien: Profil, S. 106-115.

Hirt, E. (1994). Knigge für Weltenbummler. In fremden Ländern treten Urlauber oft aus Unkenntnis ins Fettnäpfchen. Abendzeitung, AZ (München), 22.11.94.

Hlavin-Schulze, K. (1999). Reiseziel Vergnügungspark. Begrenzte Grenzenlosigkeit. In: Bachleitner, R. & Schimany, P. (Hg.), Grenzenlose Gesellschaft – grenzenloser Tourismus? München, Wien: Profil, S. 101-112.

Hopfinger, H. & Ullenberger, A. (2000). Schöner Schein und Mega-Thrill. Freizeitparks in der Erlebnisgesellschaft am Beispiel der Entwicklung in Florida. In: Keul, A. G., Bachleitner, R. & Kagelmann, H. J. (Hg.) Gesund durch Erleben? Beiträge zur Erforschung der Tourismusgesellschaft. München, Wien: Profil, S. 102-112.

Hoplitschek, E. u.a. (Hg.) (1991). Urlaub und Freizeit mit der Natur. München: Ed. Weitbrecht.

Huntington, S. P. (1998). Kampf der Kulturen. München: Europaverlag.

Jakobs, H.-J. (1997). Bestelltes Lob. Reisemagazine im Fernsehen kommen über das Niveau verfilmter Prospekte selten hinaus. In: Spiegel-special: Urlaub total. Flucht in den Traum. Hamburg: Spiegel-Verlag, S. 130-131.

Jeschenko, R. (2000). Fun and Sun. Attraktionen und Events in Florida: Der Sunshine-State als Modell für den erlebnishungrigen Urlauber im 21. Jahrhundert. In: Messe München/Projektleitung CBR (Hg.), Tourismus – Quo vadis? München: Messe, S. 38-41.

Kagelmann, H. J. (Hg.) (1993). Tourismuswissenschaft. Soziologische, sozialpsychologische und sozialanthropologische Untersuchungen. München: Quintessenz.

Kagelmann, H. J. (2000). Erlebnisse, Erlebniswelten, Erlebnisgesellschaft. Bemerkungen zum Stande der Erlebnistheorien. In: In: Keul, A. G., Bachleitner, R. & Kagelmann, H.J. (Hg.) Gesund durch Erleben? Beiträge zur Erforschung der Tourismusgesellschaft. München, Wien: Profil, S. 29-37.

Kallasch, A. (2000). Urlaub an der Playa de Palma. Beobachtungsstudie an Mallorcas Badestrand Nr. 1. Eichstätt: AST/Kulturgeographie, Kathol. Universität.

Kaltenbrunner, G.-K. (Hg.) (1987). Radikale Touristen. Freiburg: Herder.

Karos, I. (1992). Wahrnehmung und Akzeptanz von Urlaubsländern aus der Sicht deutscher Touristen, aufgezeigt am Beispiel Spaniens und der Türkei. Diplomarbeit. Universität Augsburg.

Kaufmann, J. C. (1996). Frauenkörper – Männerblicke. Konstanz: UVK.

Kentler, H. (1963). Urlaub auf Sizilien. Beobachtungen in einem Jugendferienlager am Mittelmeer. München: Studienkreis für Tourismus.

Kentler, H. (1993). Urlaub als Auszug aus dem Alltag. In: Kagelmann, H.J. (Hg.), Tourismuswissenschaft. München: Quintessenz, S. 21-26.

Kepel, G. (1991). Die Rache Gottes. Radikale Moslems, Christen und Juden auf dem Vormarsch. München: Piper.

Keul, A. G. (1998). Strandurlaub in Stalida, Kreta. Ein Ort zwischen Onkel Paul und Ballermann. Kurzer Bericht über eine Recherche im Sommerurlaub. Salzburg (unveröff. MS).

Keul, A. G. (1998). Ameisenstraße für Individualisten-Feldbeobachtungen im Städtetourismus. In: Bachleitner, R., Kagelmann, H. J. & Keul, A. G. (Hg.), Der durchschaute Tourist. Arbeiten zur Tourismusforschung. München, Wien: Profil, S. 138-144.

Kiefl, W. (1993). „Ich danke Dir, dass ich anders bin als die anderen..." Über das Pharisäertum der Kritik am Massentourismus. Universitas. Zeitschrift für interdisziplinäre Wissenschaft 1993/7, S. 655-672.

Kiefl, W. (1994). Tourismus in Entwicklungsländer. Eine illusionslose Bilanz? Zeitschrift für Kulturaustausch 1994/3, S. 312-324.

Kiefl, W. (1996). Danaergeschenk Tourismus. Vehement 1996/1, S. 4-12.
Kiefl, W. (1997). „Wo Du nicht bist, dort ist das Glück". Überlegungen zur Vielschichtigkeit touristischer Motive. Tourismus-Journal 1, 1997/2, S. 207-224.
Kiefl, W. (2000). Strandurlaub zwischen Erholung, Inszenierung und Ventil. Eine Beobachtungsstudie an der Lutania Beach bei Kolymbia (Rhodos). Eichstätt: AST/Kulturgeographie, Kathol. Universität.
Kiefl, W. (2001). Utopia ist nahe. In: Wöhler, K. (Hg.), Erlebnis leben. Herstellung und Nutzung touristischer Welten. Münster: LIT.
Kiefl, W. & Klörs, U. (1999). Beschränkt in die Welt und frei im Ghetto. Zum Dilemma grenzenlosen Reisens. In: Bachleitner, R. & Schimany, P. (Hg.), Grenzenlose Gesellschaft – grenzenloser Tourismus? München, Wien: Profil, S. 25-37.
Kiefl, W. & Marinescu, M. (1999). „Oben ohne" oder das unsichtbare Kostüm. Eine Untersuchung über Motive und Ursachen der Liberalisierung der Badesitten und über die Wahrnehmung, Befolgung, Übertretung und Sanktionierung diffiziler Regeln der tolerierten Entkleidung. Wiesbaden: Escritor.
Kimmerle, G. (1996). Club-Urlaub in Kenia. Vehement 1996/1, S. 63-66
Klinkert, P. (1987). Nackte Touristen stören kaum noch. tz (München), 23.7.1987
Knauer-Runge, S. (1995). „Wie eine Brandrodung". Gefahren naturnahen Reisens und die Möglichkeit ihrer Begrenzung. tz (München), 14.3.1995.
König, R. (1972). „Soziale Normen" in: Bernsdorf, W. (Hg.), Wörterbuch der Soziologie. Frankfurt/M.: Fischer, Bd. 3, S. 734-739.
Konrad, W. (1969). Völkerkunde. Vom Werden und Wesen einer Wissenschaft. Berlin: DBG.
Krippendorf, J. (1975). Die Landschaftsfresser. Bern: Hallwag..
Kühnreich, C. (1992). Weite Welt und Easy Feeling. Unicum 10, April 1992, S. 17
Kurt, E. (1986). Tourismus in die Dritte Welt: Ökonomische, soziokulturelle und ökologische Folgen. Das Beispiel Kenya. Saarbrücken.
Laatz, W. (1993). Empirische Methoden. Frankfurt/M.
Lamnek, S. (1989). Qualitative Sozialforschung, Bd.1 und 2. München, Weinheim: PVU.
Larenz, A. & Rieländer, K. (1996). Wem gehört Bali? Vehement 1996/1, S. 15-20.
Leemann, A., Tarnutzer, A. & Wälty, S. (1987). Bali: Tourismus und Entwicklung. In: Institut für wissenschaftliche Zusammenarbeit/Institut für Auslandsbeziehungen (Hg.), Wirtschaft, Kultur und Entwicklung. Wirtschaftliche Entwicklung und Kulturwandel in den Entwicklungsländern. Tübingen, Stuttgart, S. 179-196
Lockenmeyer, G. (2000), Geschlechtsunterschiede. Beobachtung an Animateuren im Club Med. Unveröff. Diplomarbeit. München: Institut für Psychologie, Ludw. Max. Universität.
Lohmann, M. (1999). Die Deutschen im Urlaub – weniger Ruhe, mehr Action und Erlebnis? Zur Entwicklung der Urlaubsmotive und der Urlaubsaktivitäten. Messe München (Hg.), Traumurlaub als Event? Event als Traumurlaub. Dokumentation. München: Messe, S. 5-12.
Lohmann, M. & Besel, K. (1990). Urlaubsreisen 1989. Kurzfassung der Reiseanalyse von 1988. Starnberg: Studienkreis für Tourismus.
Ludwig, K., Has, M. & Neuer, M. (Hg.) (1992). Der neue Tourismus. Rücksicht auf Land und Leute. München: Beck.
Lutz, R. (1988). Feldforschung als Tourismus. In: Greverus, I.-M. (Hg.), Kulturkontakt, Kulturkonflikt. Frankfurt/M., Bd. I, S. 369-373.
Lutz, R. (1992). Der subjektive Faktor. Ansätze einer Anthropologie des Reisens. In: Kramer, D. & Lutz, R. (Hg.), Reisen und Alltag. Beiträge zur kulturwissenschaftlichen Tourismusforschung. Frankfurt/M., S. 229-273.
Mäder, U. (1987). Vom Kolonialismus zum Tourismus. Von der Freizeit zur Freiheit. Zürich: Rotpunkt.
Märtsching, G. (1996). Aus der Sicht einer Reisenden ... Einige kritische Anmerkungen über den Massentourismus. Vehement 1996/1: Tourismus und Dritte Welt, S. 58-59.
Marinescu, M. (2000). Drumuri si calatori in Balcani (Reisende und Reisen auf dem Balkan). Bukarest: Editura Fundatiei.

Marinescu, M. & Kiefl, W. (1991). „Wir werden sehen...". Frankfurt/M.: R.G. Fischer.
Mercker, U. (1996). Der „Große Weltladen" kann bald dichtmachen. Einige Thesen zu den Auswirkungen der Wohlstandsmigration. Vehement 1996/1, S. 13-14.
Merton, R. K. (1970). Die Eigendynamik gesellschaftlicher Voraussagen. In: Topitsch, E. (Hg.): Logik der Sozialwissenschaften, Köln, Berlin: Kiepenheuer & Witsch, S. 144-161.
Meyer, T. (1991). Fundamentalismus – Aufstand gegen die Moderne. Reinbek: Rowohlt.
Meyer-Larsen, W. (1997). Erben erster Klasse. Der Tourismus ist eine ökonomische Weltmacht – und die Deutschen sind die Weltmeister. Spiegel special. Urlaub Total. Hamburg: Spiegel-Verlag, S. 35-39.
Moser-Weithmann, B. (1996). Sozio-kulturelle Konfliktsituationen tunesischer Frauen im touristisch bedingten Akkulturationsprozeß. Nachrichten und Berichte, 1996/12, S. 30-34.
Moser-Weithmann, B. (1999). Wandel der Frauenrolle durch Tourismus? Sozio-kulturelle Auswirkungen im touristisch bedingten Akkulturationsprozeß am Beispiel Tunesien. In: Bachleitner, R. & Schimany, P. (Hg.), Grenzenlose Gesellschaft – grenzenloser Tourimus? München, Wien: Profil, S. 67-83.
Müller, J. (1995). Freizeit und Urlaub für Singles. Top-Vorschläge für die schönsten Tage des Jahres. München: Südwest.
Mundt, J. W. (1989). Anbändeln und Liebelei gehören zum Strandleben. Strand- und Badeurlaub: Wachstum mit Schattenseiten. Fremdenverkehrswirtschaft International 1989/17; 1.8.89.
Mundt, J.W. (1998). Einführung in den Tourismus. München, Wien: Oldenbourg.
Nuber, U. (1996). Die Angst vor der anderen. Psychologie heute, 3, S. 20-26.
Ohlers, N. (1991). Reisen im Mittelalter. München: DTV.
Pannenbecker, M. (1985). Club-Urlaub und Animation. Beobachtungen in einem Hotel des Robinson Club auf Fuerteventura – Kanaren. Starnberg: STudienkreis für Tourismus.
Passariello, P. (1993). Sonntags nie? Mexikanische Touristen am Strand. In: Kagelmann, H. J. (Hg.), Tourismuswissenschaft. Quintessenz, S. 115-126.
Penners, M. (1988). Zwischen Minarett und Badestrand. Tourismus in der Türkei. Reisebriefe 19/20. Berlin: Gruppe Neues Reisen.
Pfaffenbach, C. (1996). Interaktionsmuster in den Tourismuszonen der tunesischen Küstenstädte. Unveröff. Manuskript, München 1996 (Wissenschaft und Praxis im Tourismus der Maghrebländer. Workshop des Bayerischen Forschungsverbundes FORAREA und des Geographischen Institutes der TU München in München, 5.7.1996)
Platzmann, A. (1991). Ausbeuter oder Heilsbringer. Kritische Gedanken zum Dritte-Welt-Tourismus. Unicum 9, 1991/6.
Presse- und Informationsamt der Bundesregierung (1995/96). Urlaub. Tips für Ihre Ferienreise Bonn.
Preston-White, R. (2001). Constructed leisure space. The seaside at Durban. Annals of Tourism Research 28, 2001/3, S. 581-596.
Prolet de Mar. Ihre Küste lassen sich die Katalanen nehmen, nicht aber ihre Identität: Am Strand darf Ballermann toben, im Hinterland ist er unerwünscht. Süddeutsche Zeitung, 14./15.8. 2001, S. V2/3.
Riesman, D. (1958). Die einsame Masse. Eine Untersuchung der Wandlungen des amerikanischen Charakters. Reinbek: Rowohlt.
Ritzer, G. (1995). Die MacDonaldisierung der Gesellschaft. Frankfurt/M.: Fischer.
Romeiss-Stracke, F. (1998). Tourismus – gegen des Strich gebürstet. Essays. München, Wien: Profil, 2. Aufl. 2001.
Roth, J. (1998). Urlaubsglück auf dem Prüfstand. In: Abendzeitung (AZ München), 11.7.98.
Saltzwedel, J. (1997). Der Weg ist das Ziel. Ein kleiner Streifzug durch die Geschichte der menschlichen Reiselust. Spiegel special. Urlaub Total. Hamburg: Spiegel-Verlag, S. 16-20.
Sauter, R. (1994). Splitternackt und ohne Geld. Urlaubskrimis, die das Leben schrieb. München: Beck.
Scherer, B. (1995). Tourismus. Reinbek: Rowohlt.

Schimany, P. (1997). Tourismus und Kultur. Zusammenhänge und Prozesse in vergleichender Perspektive. Tourismus-Journal 1, 2, S. 167-192.
Schmidt, B. (1998). Psychotherapeutische Aspekte des Reisens. In: Bachleitner, R., Kagelmann, H.J. & Keul, A.G. (Hg.), Der durchschaute Tourist. Arbeiten zur Tourismusforschung. München, Wien: Profil, S. 194-205.
Schönhammer, R. (1993). Interrail. Zur Phänomenologie des Jugendtourismus. In: Kaglemann, H. J. (Hg.), Tourismuswissenschaft. München: Quintessenz, S. 127-144.
Scholz, H. E. (Hg.) (1988). ... und fordere mein Geld zurück. So beschweren sich Touristen. München: DTV.
Schrutka-Rechtenstamm, A. (1999). Begrenzt: Interkulturelle Beziehungen im Tourismus. In: Bachleitner, R. & Schimany, P. (Hg.), Grenzenlose Gesellschaft-grenzenloser Tourimus? München, Wien: Profil, S. 101-112.
Sester, G. (1992). Die sozialen Auswirkungen des Tourismus auf das Leben der Bereisten. Eine Fallstudie in Dalyan/Türkei. (unveröff. Diplomarbeit) Berlin.
de Sola Pool, I. (1993). Was amerikanische Reisende lernen. In: Kagelmann, H.J. (Hg.): Tourismuswissenschaft. Soziologische, sozialpsychologische und sozialanthropologische Untersuchungen. München: Quintessenz, S. 9-20.
Spiegel special (1997). Urlaub total. Flucht in den Traum. Hamburg: Spiegel-Verlag.
Spreitzhofer, G. (1995). Tourismus Dritte Welt. Brennpunkt Südostasien. Frankfurt/M.: P.Lang.
Stock, C. (1996). Lust auf Südsee? In: Vehement 1996/1: Tourismus und Dritte Welt, S. 58
Szczesny-Friedmann, C. (1994). Die kühle Gesellschaft. Von der Unmöglichkeit der Nähe. München: DTV.
Thiem, M. (1994). Tourismus und kulturelle Identität. Bern (Berner Studien zu Freizeit und Tourismus).
Turner, L. & Ash, J. (1975). The Golden Hordes. London: Constable.
Uhlig, H. (1974). Menschen der Südsee. Berlin: Safari.
Urbain, J. D. (1994). Sur la plage. Paris.
Urlaub 94: Zehntausende werden wieder „abgezockt". TZ (München), 5.8.1994.
Urlaub, Sex & Ehekrieg (2000). Die schönste Zeit des Jahres als Liebeskiller. tz (München), 16.6.2000.
Vester, H.-G. (1993). Crowding. In: Hahn, H. & Kagelmann, H.J. (Hg.): Tourismuspsychologie und Tourismussoziologie. Ein Handbuch zur Tourismuswissenschaft. München: Quintessenz, S. 125-126.
Vester, H.-G. (199). Von der Arbeitsgesellschaft zur unbedingten Freizeit- und Erlebnisgesellschaft? In: Messe München (Hg.), Traumurlaub als Event? Event als Traumurlaub. Dokumentation. München: Messe, S. 13-18.
Vorlaufer, K. (1984). Ferntourismus und Dritte Welt. Frankfurt/M: Diesterweg.
Vuidaskis, V. (1982). Tradition und sozialer Wandel auf der Insel Kreta. Meisenheim.
Wähning, P. (2000). Reisen als Freizeitform. Studien zu einer Theorie des Tourismus. Unveröff. Diplomarbeit. München.
Wagner, U. (1981). Tourism in the Gambia: Development or Dependency? Ethnos 46, 1981/3-4, S. 190-206.
Webb, E.J., Campbell, D.T., Schwartz, R.D. & Sechrest, L. (1975). Nichtreaktive Meßverfahren. Weinheim, Basel: Beltz.
Wegener-Spöhring, G. (1991). Massentourismus und Pädagogik. Essayss,Tehorien, Gedanken zueiner gestörten Beziehung. Baltmannsweiler.
Welti, A. (1980). Die Nackten von Naxos. Stern, 27, 28.6.1980.
Wirtschaftswoche 41/1987, S. 44-54; 66-67 (u.a. Deutsche Touristen bevorzugen wieder Muße, Sonne, Strand und Gemütlichkeit).
Wöhler, K. (1999). Aufhebung von Raum und Zeit. Realitätsverlust, Wirklichkeitskonstruktion und Inkorporation von Reisebildern. Lüneburg: Universität Lüneburg.
Wöhler, K. (2000). Pflege der Negation. Zur Produktion negativer Räume als Reiseauslöser. In: Keul, A.G., Bachleitner, R. & Kagelmann, H.J. (Hg.), Gesund durch Erleben? Beiträge zur Erforschung der Tourismusgesellschaft. München, Wien: Profil, S. 29-37.

Sachregister

Abenteuer 52
Abgrenzungen 36 ff.
- am Badestrand 96, 120
- durch Ferienclubs 49
- von Landsleuten 117
- vom Massentourismus 12 ff., 40 f.
- zwischen Altersgruppen 40
- zwischen Nationalitäten 40, 120
- zwischen sozialen Schichten 40 f.
Abwehrreaktionen 37 f.
  s.a. Abweichungen, Bereiste
Abweichung 29 ff., 95 ff.
- Bewertungsproblem 31, 95
- Sanktionen 35, 119
- Umgang mit Abweichungen 33
  s.a. Irritationen
Ägypten 21, 22, 27, 107
Aktivurlaub 56, 61
Akzeptanzbedürfnisse 62, 105, 112
All inclusive 41, 50, 105 f., 108, 113
  s.a. Pauschalurlaub
Alternativtourismus 44 f., 120
Animation 59, 61, 63, 104 f., 108, 111
Anonymität 64 f., 69, 108
Anpassung 34, 49 f.
Anspruchsniveau 25 f., 49
Antike 30
Aussenkontakte 82, 85, 91 f., 96
Aussenlenkung 9, 96, 100
Aussteiger 120
Austauschbarkeit von Zielen 117
- s.a. Nicht-Räume
Australien 70
Authentizität 19, 49, 107

Badestrand 68 ff., 115
- Aktivitäten 79 ff., 82 ff.
- Belegung 81 ff.
- Besucher 81 ff.
- Kontakte 82
- Normen 95 ff.,
- Platztreue 81, 96
- soziales Leben 82, 91
- Toleranz 95 f., 100
Badeurlaub
- Multifunktionalität 70
- schlechtes Image 7, 68 ff.

Bahamas 9, 21, 22
Bali 34, 118
Ballermann 39, 74, 92, 107
Bedeutungen 121
Bedürfnisorientierung 10
Bedürfnisse 51 ff., 66 f., 68 f., 115
- latente 52 ff., 67, 109 f.
- manifeste 52ff., 109 f.
- unbewußte 52
  s.a. Instrumentalisierung, Motive, Reisemotive
Befragung 8, 52, 54 f., 61, 74 ff., 79, 117 f., 121
Befreiung
  s. Ventilsitte, Verhaltensfreizügigkeit
Begegnungen
- mit Einheimischen 36 ff., 52, 59, 94
- mit Mitreisenden 41, 63, 92 f., 117
Belegungsdichte 100
beobachten 86 ff.
Beobachtung 55 f., 79 ff., 105, 118, 121
Beobachtungsstudien 70, 122
Bequemlichkeit 115
Bereiste 18 ff.
- Abwehrreaktionen 32 f., 37 f.
- Unterlegenheitsgefühle 32
Beschwerden 9, 12 f., 28
  s.a. Irritationen, Kulturschock
Betroffenheit 60
Bezugsgruppe 9, 29, 35, 49, 107, 120
Bildungsmotiv 52, 57, 115
Bildungstourismus 10, 51, 107
Binnenkommunikation 85, 90
Blickkontakte 29, 97
Bodenspekulation 24, 34
Boykottversuche 27

Cala Santa Galdana 70 ff., 75 ff.
Center Parks 15
Club
  s. Ferienclub
Club Hedonism 120
Crowding 122

Destination
  s. Zielgebiete
Deutschland 11, 21, 118
Dirigismus 43

Disneyland 107
Distanz 29, 96, 100
- kulturelle 34, 49
- räumliche 95 ff.
Distanzierung
s. Abgrenzung
Dominikanische Republik 22, 68
Dritte Welt 18 ff., 27 ff., 36 ff., 45, 60, 116

Echtheit
s. Authentizität
edle Wilde 39, 66
Einsamkeit 16, 62, 68, 87 f., 93
s.a. Kontaktbedürfnisse
Emanzipation 31
Emotionen 62, 64 f., 102, 123
Enkulturation 35
Entdeckungsfahrten 30, 57
Entdifferenzierung 111
Entgrenzungen 36 ff., 69
Entscheidungstheorie 119
Entspannungsmotiv 52
Entwicklungsländer
s. Dritte Welt
Erfolgserlebnisse 105, 110
Erholungsmotiv
55 f., 69, 76 f.
Erlebnishunger 57
Erlebniskomponenten 102 f.
Erlebnismotiv 56
Erlebnisorientierung 10
Erlebnispark 105 ff., 110
Erlebnisse 58, 68 f., 71, 102ff., 113
- ästhetische 71
- erotische 63
- gesellige 71
- kreative 71
- sportliche 71
- stille 93, 102
Erlebniswelt
s. Ferienwelten
Erschließungsdynamik 20, 39, 115
Erwartungen 9, 20, 58, 76 f., 115
Erwartungshaltung 57
Ethnozentrismus 30
Etikette 29, 31, 46, 101
Exhibitionismus 69 f., 78
Exotik 45, 57, 62, 73, 112

Familien 32, 61, 72, 74 f., 81 f., 89 f., 92
Feindbilder
s. Stereotyp

Feldexperiment 96, 122 f.
Feldforschung 121
Ferienclubs 23, 49, 61, 63, 105ff., 113, 116
Ferienkultur 122
Ferienwelten 15, 56, 105 ff., 109 ff, 114, 116, 123
Fernreise 10, 16, 19, 45, 49, 56, 58, 62, 67
s.a. Dritte Welt
FKK 71, 119 f., 123
Flirt 70, 77, 92 f. s.a. Kontaktanknüpfung
Fluchtbedürfnisse 39, 76, 78
Franco-Regime 120
Frankreich 21, 70
Freiheit
s. Verhaltensfreizügigkeit
Freikörperkultur
s. FKK
Freizeitkultur 48, 95, 105
Freizeitparks 45, 105 ff., 113, 115
s.a. Ferienwelten
Freizeitpersönlichkeit 59
Fremdenfeindlichkeit 30, 33f, 37, 119
s.a. Stereotyp
Freundlichkeit 9, 16, 62, 66, 94, 107, 112
Fundamentalismus 33

Gegenwelt 14, 39, 66, 112
Gemeinschaftserlebnis 110
Geschäftstourismus 44, 51
Geschlossenheit
s. Homogenitätsfiktion
Globalisierung 37
Globetrotter 60
glücklicher Raum 14
Glückssuche 14 f., 65 f.
Goa 34, 119
Golfstaaten 43
Gran Canaria 70
Grenzen 36 ff., 95 ff.
- kulturelle 36 f.
- politische 36 f.
Grenzenlosigkeit
- Illusion 38 ff.
s.a. Entgrenzungen
Grenzüberwindung
- kulturelle 38 ff., 50
- räumliche 38 ff.
- soziale 39
Grenzverletzungen
s. Irritationen
Grenzziehungen 36 ff.
Griechenland 9, 21, 22, 72, 100, 119 f.
Gruppendynamik 58

131

Handtuchkrieg 120
Hedonismus 16 f., 20, 46, 120
  s.a. Verhaltensfreizügigkeit
Hemmungen
  s. Kontaktschwierigkeiten
Herkunftsländer 14, 31, 34, 101, 115
Herkunftsmilieu 29, 35, 69, 101
  s.a. Bezugsgruppe
Herrschaftsverhältnisse 32
  s.a. politische Stabilität
Homogenitätsfiktion 31
Horizonterweiterung
  s. Bildungsmotiv
Hotelpool 82

Ibiza 63, 73, 120
Idealisierung der Fremde 14
Identität
- Bedrohung durch Tourismus 33 f., 37
Identitätswechsel 64, 78, 110, 104
Image
- des Badestrands 70
- des Pauschalurlaubs 12, 16, 62, 117
- von Urlaubszielen 38
imaginäre Geographie 57
Imperialismus 37
Indien 28, 34
Individualisierung 13
Indonesien 27
Inflation 27, 29, 34
Informationsfreiheit 31
Informationsgesellschaft 58
Infrastruktur 23, 38, 45, 56, 121
Inklusivpreise
  s. All inclusive
Instrumentalisierung
- des Reisens 13, 38, 56, 62,
- von Zielgebieten 9 f., 14 f., 40, 64 ff., 115
Inszenierung 107, 110
interkulturelles Lernen 34
Interview, exploratives 76, 87
Intimitäten 29, 101
Iran 43, 123
Irritationen 28 ff., 36 ff., 46, 59, 115
  s.a. Abweichungen, Alternativtourismus, touristische Begegnung, Bereiste, Kulturschock
Italien 21, 38, 119

Japan 11, 119
Jamaika 21
Jugendliche 7, 40, 98

Kampftrinker 39, 107
Karibik 48, 120
Kenia 28, 118
Kennziffern, touristische 21 f.
Kinder 74, 80, 82, 89, 92, 97
Klischee
  s. Stereotyp
Körperkontakt 29, 101
Kolonialismus 30
Kolymbia 70 ff., 122
Kommunikation 80, 89 ff., 105, 111
Kommunikationsgesellschaft 111
Kongreßtourismus 44
Konsumbeschränkung 40, 67
  s.a. Sättigung
Kontaktanknüpfung 41, 59, 62 f., 91 ff., 104 f., 110 f., 122
- zwischen Touristen verschiedener Herkunftsländer 94
  s.a. Begegnungen
Kontaktbedürfnisse 10, 62, 69, 76 f.
Kontaktschwierigkeiten 62, 89, 92, 111
Kosten 119
- materiell 57
- physisch 57
Kosten-Nutzen-Analyse 119
Kreativität 70 f., 105, 110
Kreta 70, 118
Kreuzfahrt 105 f.
Kriminalität 30, 34, 43, 105, 119
Kuba 18
Kultur 36 f., 72, 115 f., 122
Kulturschock 28, 32, 56

Lärm 71, 74, 80, 95, 98
Langeweile 86
Lebensgefühl 64
Lebensstil 73
  s.a. Sozialschicht
Leistunqsbedürfnisse 61
Leistungsgesellschaft 56
Leistungsprinzip 6, 118
Leistungstourismus 17
Lutania Beach 70 ff., 121 f.
Lybien 43

MacDonaldisierung 110, 123
Malaysia 119
Malediven 21, 22, 27, 47
Mallorca 39, 44, 63, 70 ff., 92, 107
Marokko 21 f.
Massenphobie 13, 114

Massentourismus 7, 44, 48
s.a. Pauschaltourismus
Medien 7, 15, 27
Menorca 70 ff.
Metakritik 8, 114
Methoden
  s. Sozialforschung
Methodenmix 55, 74 ff.
Migrationsprozesse 26
Mittelalter 30
Moden 71, 96
Modernisierung 20 f.
Motive 51 ff., 120
- extrinsische 53 ff.
- intrinsische 53 ff.
- latente 76,
- manifeste 76
- nicht akzeptierte 61 ff.
- von Strandurlaubern 74 ff.
- verdrängte 61 ff.
  s.a. Bedürfnisse, Reisemotive
Motivtransparenz 20, 119
  s.a. Reisemotive
Motivüberlagerung 51 fr.
Musik 98 f., 123
Muße 52
Mykonos 63, 70, 73, 120

Nacktbader
  s. FKK
Narzißmus 62
Narrenfreiheit 14, 33
Nationalität 20, 40, 72, 94, 99 ff., 120
Naturschutz
  s. Ökologie
Naturschutzgebiete 25
Neugier 51, 57, 120
  s.a. Bildungsmotiv
Neuschwanstein 107
Nicht-Räume 15, 25, 115
micht-reaktive Verfahren 55
Normabweichung
  s. Abweichu.ng
Normen, soziale 37, 80, 95 ff.
- am Badestrand 95 ff., 101
- Relativität 95
Nutzen 119

oben ohne 29, 65, 72, 78 , 87, 99 ff., 119
Öffentlichkeit 69 ff., 88, 90, 93, 101
Ökologie 12, 25 f., 31, 34, 42, 45, 47, 49, 60, 67, 98
Österreich 21, 23, 38

Oktoberfest 120
Opportunitätskosten 109
Organisation 105, 107
Orientierungssuche 106

Paradiesvorstellungen 39, 112 f., 123
  s.a. Gegenwelten
Partnerschaftskonflikte 90
Pauschaltourismus 11 ff., 46, 61, 105 ff., 117
- Abwertung 12 f., 62, 117
- schlechtes Image 7, 11 ff., 68
Phantasien 122
  s.a. Tagträume
Pilgerreise 30, 51
Pluralisierung (von Urlaubformen) 52
Political Correctness 41
politische Stabilität 23, 25, 27, 32
Poptourismus 10, 114
Posttourismus 115, 117
Presse
  s. Medien
Professionalisierung 16 f.
Prostitution 34, 43, 47
Prostitutionstourismus 43
Prestige
  s. Sozialprestige
Puritanismus 12, 49

Qualitätstourismus 43

Rationalisierungen 54, 65
  s.a. Reisemotive
Rauschgift 119
Regeln 95 ff.
  s.a. Normen
Regelverstöße
  s. Abweichungen, Irritationen
Regeneration 52
Regressionsbedürfnisse 62, 111
Reiseanalysen 52
Reiseentscheidung
  s. Zielauswahl
Reisehäufigkeit 117
Reisemängel
  s. Beschwerden
Reisemotive 8, 10, 38, 51 ff., 68 f., 76, 120
- bewußte 54
- extrinsische 53 ff.
- gesellschaftliche Akzeptanz 57 f., 61 ff.
- Hin-zu Motive 51, 114
- intrinsische 53 ff.
- latente 53, 76

- manifeste 53, 76
- Persistenz 51
- von Strandurlaubern 74 ff.
- unbewußte 54
- verdrängte 61 ff.
- Weg-von M. 51, 114

Reisepatent 48
Replikationsstudie 72
Repräsentativbefragung 117
Restriktionen 42 f.
Rhodos 70 ff., 121 f.
Risiko 7, 52, 115
Rituale 49, 85
Rollenspiel 104
  s.a. Identitätswechsel
Rucksacktouristen 47, 123
  s.a. Alternativtourismus
Rumänien 109

Sättigung 66, 90, 92, 104, 113
- von Bedürfnissen 52

Sanktionen 35, 37, 43, 119
  s.a. Abweichung
Santa Lucia 21
Sauberkeit 98
  s.a. Ökologie
Scheinwelt 106
  s.a. Ferienwelten
Selbstdarstellung 63 f., 69, 88, 93
selbst erfüllende Prophezeihung 66
Selbstverwirklichung 14
Sextourismus
  s. Prostitution
Seychellen 21
Sicherheit 107, 115
  s.a. Kriminalität
Sinn, gemeinter 121
Sinnsuche 106
Situationsdefinition 29, 37
Sonnenbad 56, 68, 70, 77
soziale Erwünschtheit 54, 58 f., 61 ff., 76, 96, 117
soziale Kontrolle 39, 58
soziale Probleme 26 ff.
sozialer Aufstieg 62
Sozialforschung 55, 73 ff., 118
- qualitative 55, 121
  s.a. Befragung
Sozialphobien
  s. Kontaktschwierigkeiten
Sozialprestige 15 f., 61 f., 107
Sozialschicht 26, 31, 40 ff., 62, 72, 74, 103, 120
Sozialstatus 69

Spanien 21, 22, 38, 65, 72, 120
Spaß 114
Spaßgesellschaft 17
Sport 52, 56, 61, 69, 71, 76, 81, 88, 105, 110
Sprachkenntnisse 58 ff.
Sri Lanka 27
Städtetourismus 121
Starnberger Studienkreis 121
Statistik 11, 20, 68, 117 f.
Statussymbol 120 f.
Stereotyp 13 f., 30, 32, 58 f., 66, 108, 119
stille Erlebnisse 93, 102
Strand
  s. Badestrand
Strandbesucher 73 ff.
- Aktivitäten 79 ff.
- Distanz 96 f.
- Kommuniktation 89 ff.
- Kontakte 89 ff.
- Motive 74 ff.
Strandkultur 73, 95 ff
Strandspiele 85, 89
Strandtourismus
  s. Badetourismus
Südsee-Begeisterung 14

Tagträume 86 f., 104, 122
Territorialverhalten 96
Terrorismus 27, 33
Thailand 21, 22, 43, 70, 92, 117 f.
Themenparks 110
Toleranz 33 f., 47, 107, 122
- am Badestrand 95 f., 100
Tourismus
- ambivalente Bewertung 18 ff., 36
- Arbeitsplätze 23
- demoralisierende Einflüsse 28 ff., 42 ff., 47
- Destabilisierung 31 f., 50
- Forschungsdefizite 11 f, 118
- Grenzenlosigkeit 36
- ökologische Aspekte 12, 25 f.
- ökonomische Aspekte 20 ff.
- politische Aspekte 26 ff.
- sanfter T. 44 ff., 60, 116
- soziale Aspekte 26 ff.
- sozio-kulturelle Aspekte 12, 28 ff.
Tourismusbilanz 24
Tourismusfolgen 18 ff., 32, 42, 118
- Bewertungsprobleme 32, 42
- Gegenreaktionen 37, 42 ff.
- indirekte 20
Tourismusforschung 11 f., 48, 55, 87, 118, 121

Tourismusindustrie 45, 65
s.a. Veranstalter
Tourismuskritik 8 ff., 12, 18, 31 f., 48, 57, 106, 108, 115
Tourismusstudien 117 f.
Touristen
- Sonderrechte 33
- als Verhaltensmodell 31
Touristenenklave 35 ff., 47 ff., 115 f.
Touristenbeschimpfung 30, 114, 117, 119
touristische Begegnungen
- Asymmetrie 47, 59
s.a. Bereiste, Völkerverständigung
Tracking-Studie 121
Türkei 22, 27, 29, 43, 118 f.
Tunesien 22, 43, 58 f., 117 f.

Überdruß 104
Umfrageforschung
s. Befragung
Umgangsformen 31 f.
Umweltbelastungen
s. Ökologie
Unruhe 104
Unterhaltung
s. Animation
Untersuchungen
- Übertragbarkeit 71 ff., 76
Unzufriedenheit 67
Urlauberghetto
s. Touristenenklave
Urlaubermotive
s. Reisemotive
Urlaubsziele
s. Zielgebiete
Ursprünglichkeit
s. Authentizität, Exotik
USA 11, 21, 64, 119 f.
Utopie
s. Gegenwelt
UV-Strahlung 66, 68, 71

VAR 73
Ventilsitte 39, 64, 69, 77 f.
Veranstalter 9, 12, 27, 45, 58, 66 f., 112

Verdrängung 65
Vereinheitlichung
s. MacDonaldisierung
Vereinigte arabische Emirate
s. VAR
Vereinsamung
s. Kontaktbedürfnisse
Vergnügungsparks
s. Freizeitparks
Verhaltensfreizügigkeit 35, 49, 69, 77, 95, 104 ff., 111, 119
virtueller Urlaub 15, 67
Völkerverständigung 46, 59 f., 115
Vorurteile
s. Stereotype
Voyeurismus 69 f., 76, 78

Wahrnehmungsverzerrung
s. Stereotyp
Wassersport 79 ff., 83, 88 f.
Werbung 13 f., 16, 66, 110
Werte 42
Wir-Gefühl 108
s.a. Gemeinschaftserlebnisse
Wohlbefinden 105, 110
WTO 20
WTTC 11

Zeitgeist 7, 16, 32, 117
Zeitsouveränität 104, 111
Zielauswahl 9 f., 119
Zielgebiete 18 ff., 37, 42 ff., 72, 116
- Attraktivität 38
- Austauschbarkeit 72 f.
s.a. Bereiste
Zielgruppe 110
Zielorientierung 10
Zivilisationskritlk 13, 55
Zufriedenheit 86, 92, 104, 121
s.a. Sättigung
Zugehörigkeitsbedürfnisse 110
Zwanglosigkeit
s. Verhaltensfreizügigkeit
Zwiebelschalenmodell
s. Motivübelagerung

S.A.T.

GRUNDLAGEN DES TOURISMUSMANAGEMENTS

2000, br., 220 S., ISBN 3-89019-492-3

Ein Grundlagenlehrbuch für das Studium Tourismus an Fachhochschulen

Inhalt:
Airlines: Vertriebspolitik in einem globalen Umfeld
Destinationsmanagement
Direktvertrieb in der Touristik
Emotionale Intelligenz als strategischer Erfolgsfaktor
Eventmanagement
Hotellerie: Konzentration und Kooperation
Hotellerie: Kundenzufriedenheit
Hotellerie: Trends
Interkulturelles Management
Kundenbindung im Tourismus: Strategien
Public Relations als strategischer Erfolgsfaktor
Reisebüromanagement: Erfolgskriterien
Touristik: Trends
Touristik: Konzentration und Kooperation
Touristikmarketing
Travelmanagement
Das Uniform System of Accounts for the Lodging Industry
Vertikale Integration im Tourismus
Wellness als Komponente hotelbetrieblicher Produktpolitik

Tourismuswissenschaft/Tourismusforschung im Profil Verlag München Wien

Kiefl, Walter
Marinescu, Marina

„Oben ohne" oder das unsichtbare Kostüm

Eine Untersuchung über Motive und Ursachen der Liberalisierung der Badesitten und über die Wahrnehmung, Befolgung, Übertretung und Sanktionierung diffiziler Regeln der tolerierten Entkleidung.

1999, 213 S. Paperback

Inhalt: Das sich seit Ende der 60er Jahre in größerem Umfang durchsetzende Baden *„oben ohne"* läßt sich als Ausdruck eines gesellschaftlichen, bwewußtseinsmäßigen und sexuellen Wandels begreifen. Mittlerweile scheint eine Gewöhnung an eine zunächst bekämpfte Neuerung stattgefunden zu haben, doch wird bei näherere Betrachtung deutlich, dass es sich dabei nur um eine *begrenzte Akzeptanz* handelt. Ergebnisse von Interviews, Beobachtungen und Feldexperimenten vermitteln eine differenziertes Bild der entsprechenden gesellschaftlichen Einstellungen und Reaktionen, wird doch hinter einer *nur vordergründigen Liberalisierung* ein komplexes System von zugemuteten und verinnerlichten Einschränkungen und Grenzen sichtbar, deren Nichtbeachtung mehr oder weniger subtile Sanktionen nach sich ziehen kann.

Escritor-Verlag, Wiesbaden

Heinz-Günter Vester

TOURISMUSTHEORIE

Soziologische Wegweiser zum Verständnis touristischer Phänomene
1999, 132 S., br., ISBN 3-89019-466-4
(Tourismuswissenschaftliche Manuskripte, Bd. 6)

Fraglos ist der Tourismus heute nicht nur ein potenter Wirtschaftsfaktor, sondern auch ein bedeutsames gesellschaftliches und kulturelles Phänomen, ein signifikanter sozialer und soziologischer Tatbestand. Die Soziologie hat den Forschungsgegenstand Tourismus bislang weitgehend vernachlässigt; andererseits hält sie ein breites Spektrum von Theorien bereit, die hervorragend geeignet sind, der eher theoriearmen Tourismusforschung vielversprechende Erklärungsansätze anzubieten und der allgemeinen Diskussion touristischer Phänomene anregende Interpretationshilfen zu liefern.

Das Buch präsentiert eine Auswahl von wichtigen und aktuellen Theorien der Allgemeinen Soziologie und illustriert ihre Brauchbarkeit für die Beschreibung und Analyse touristischer Phänomene.

Inhalt: 1. Ausgangspunkte: Soziologische Theorien im Reisegepäck – nicht Sperrgut, sondern Handgepäck. – 2. Rastlos und ratlos: die Rationalität des Homo touristicus *(Handlungstheorie)* – 3. Begegnungen der anderen Art: touristischer Interaktionismus *(Erving Goffman)* – 4. Die rhetorische Realität der Reisewelt: die Stämme der Reisenden und Bereisten und ihre zauberhaften Praktiken *(Von Goffman zur Ethnomethodologie)* – 5. Gefühle unterwegs – des einen Freud, des andren Leid: die Bedeutung der Emotionen im Tourismus. *(Soziologie der Emotionen)* – 6. Zivilisation oder Barbarei: der zivilisatorische Beitrag des Tourismus *(Norbert Elias)* – 7. Von feinen und unfeinen Unterschieden: Habitus, kulturelles Kapital und soziales Feld des Tourismus *(Pierre Bourdieu)* – 8. Autonomie oder Interdependenz: Tourismus als soziales System *(Systemtheorie)* – 9. Kapitalakkumulation und kulturelle Dominanz: die Vollendung der modernen Welt durch den Tourismus *(World System Theory)* – 10. Simulation und Hyperrealität: Postmodernität und Posttourismus – 11. Angelangt am Ziel: auf der Suche nach dem verlorenen Ort. – 12. Literaturhinweise

PROFIL-VERLAG
München Wien

Felizitas Romeiß-Stracke

TOURISMUS – GEGEN DEN STRICH GEBÜRSTET...

Essays

2. Aufl. 2000, 148 S., br., ISBN 3-89019-493-1
(Tourismuswissenschaftliche Manuskripte, Bd. 2)

Schlaglichter auf Probleme und Perspektiven des Tourismus der 90er Jahre. Provozierend und scharf in der Analyse, mit wertvollen Hinweisen für diejenigen, die in der Praxis des Tourismus arbeiten, wie die Zukunft aussehen könnte.

Inhalt:

Vorwort
1. Tourismus als Leitökonomie der Moderne
2. Wege in die Zukunft: Hilfestellungen für den Umgang mit Veränderungen
3. Traum-Urlaub und Urlaubs-Traum
4. Rund um die Welt – im Jet oder im Cyberspace? Zur Bedrohung der Touristik-Branche durch Multimedia
5. Trends und Gegentrends. Ein Gespräch mit Hansruedi Müller über die Zukunft
6. Qualität im Tourismus. Vom Schlagwort zum Programm
7. Dienstleistung und Terminologie im Tourismus
8. Neue Prioritäten für die Tourismuspolitik in Deutschland: Acht Forderungen
9. Freizeitmobilität – Dimensionen, Hintergründe, Perspektiven
10. Tourismus und Ökologie – ein Dauerbrenner?
11. „Vorwärts – zurück zur Natur?" Über den Wandel des Urlaubs auf dem Lande
12. Tourismus und Architektur. Architekten und Touristiker

PROFIL-VERLAG
München Wien

Gundo Weiler

SEXTOURISMUS UND AIDS-PRÄVENTION

Eine qualitative Studie
zum HIV-Schutzverhalten deutscher Freier
auf den Philippinen

1998, 202 S., br., ISBN 3-89019-408-7

Worte wie „Sextourist" und „Bumsbomber" gehören mittlerweile zum deutschen Sprachschatz und zeugen davon, dass das Treiben deutscher Urlauber längst nicht mehr geheim ist. Doch obwohl inzwischen jede zehnte HIV-Neuinfektion in Deutschland auf Sex im Urlaub zurückzuführen ist, wird das Thema Sextourismus in der AIDS-Prävention kaum angesprochen.
Am Beispiel der Philippinen wird in dieser Studie erstmals mit Hilfe qualitativer Methoden untersucht, wie deutsche Touristen ihre Beziehungen zu Prostituierten im Urlaub erleben, was sie unternehmen und was sie fühlen. Der Autor zeigt nicht nur, dass sich verschiedene typische Beziehungsmuster abgrenzen lassen, sondern auch, wie die Frage nach „Safer Sex" von der Wahrnehmung der Beziehung durch den Freier abhängt. Die Darstellung anhand einer Fülle von Originalzitaten der Touristen vermittelt eine neue Sichtweise des Phänomens „Sextourismus". Dies ist die Grundlage für eine kritische Bestandsaufnahme aktueller Präventionspolitik; der Autor zeigt, wie die Ergebnisse dieser Studie konkret umgesetzt werden können.

PROFIL-VERLAG
München Wien